Comment communiquer de façon efficace ? ...

Des mêmes auteurs

Didier NOYÉ

Dans la collection BASIC :

Accrocher votre auditoire
Coacher vos collaborateurs
Concilier travail et vie personnelle
Conduire un plan d'action jusqu'au résultat
Conduire un entretien de développement professionnel
Conduire vos entretiens annuels
Cultiver les compétences
Déléguer et responsabiliser
Déployer des objectifs
Donner et recevoir du feed-back
Faire face au stress
Gérer les conflits
Gérer vos priorités dans un temps limité
Manager en transversal
Manager les performances
Manager les personnes
Résoudre un problème
Réussir les changements difficiles
Réussir vos réunions
Téléphoner : l'art et la manière

Guide pratique du formateur, en collaboration avec Jacques Piveteau, Julhiet, nouvelle édition remaniée 2013.

Réunionite : guide de survie, Insep Consulting, 4ème édition 2004.

L'amélioration participative des processus, Insep Consulting Editions, 3ème édition 2002.

Organiser et améliorer les processus, en collaboration avec G. Herniaux, Insep Consulting Editions, 3ème édition 2001.

Pour fidéliser les clients, en collaboration avec le MFQ, Insep Consulting Editions, 2ème édition 2004.

Jacques PIVETEAU

Attention ! Ecoles, ouvrage collectif, Fleurus, 1972, (épuisé)

Votre école de promotion collective, CEPAM, 1974, (épuisé)

L'extase de la télévision, Insep Edition, 1984, (épuisé)

L'entretien d'appréciation du personnel, Insep Consulting Editions, réédition 2000.

Mais comment peut-on être manager ? (!), Insep Consulting Editions, réédition 2002.

Didier NOYE
en collaboration avec Jacques PIVETEAU

COMMENT COMMUNIQUER DE FAÇON EFFICACE ?

Support de travail personnel

Illustration CREATIVA

Nouvelle édition augmentée

Julhiet

ISBN : 978-2-36446-016-4
ISSN : 02916770

1ère édition 1978
Dépôt légal : Août 2013

Que contient ce guide ?

introduction

Vous êtes intéressé par ce qui peut améliorer la communication entre les personnes ; vous avez senti soit en famille, soit en entreprise les difficultés que les êtres humains éprouvent pour se comprendre. Peut-être avez-vous déjà participé à des stages de formation aux relations humaines. Dans ce cas vous avez constaté que le temps de la formation était bien court ; elle vous a sensibilisé aux problèmes et à leur solution mais le groupe s'est séparé avant que vous ayez assimilé tous les comportements.

C'est pour aller au devant de ce désir de perfectionnement que ces pages ont été rédigées ; elles constituent un guide d'auto-formation et vous invitent à un entraînement personnel. Le recueil met en évidence les aspects essentiels de la communication, il doit vous permettre de renforcer vos aptitudes à établir des relations efficaces.

Il sera souvent fait référence à des situations que l'on rencontre au travail, dans les entreprises, mais les principes et les méthodes que nous voulons illustrer ont des applications qui dépassent le domaine professionnel.

C'est donc tout un travail qui vous est proposé. La lecture de cet ouvrage sera inutile en particulier, si vous ne faites pas l'effort d'accomplir ce que les consignes vous indiquent. C'est pourquoi nous vous suggérons de ne pas le faire seul. Communiquez ce guide à un collègue, à un ami, entraînez-vous ensemble, échangez sur vos expériences.

Nous vous souhaitons bon courage !

ce guide peut-il vous être utile ?

1. Je crois que je peux m'améliorer de façon notable — OUI NON

2. Je suis ouvert aux idées nouvelles — OUI NON

3. Je reconnais mes propres erreurs sans faire de complexes — OUI NON

4. Je crois que, même après 50 ans, on peut encore faire beaucoup de progrès | OUI | NON

5. J'ai la réputation d'être assez tenace quand j'ai décidé quelque chose | OUI | NON

6. Il y a toujours quelque chose à apprendre dans toutes les situations | OUI | NON

7. Cela ne me dérange pas de changer mes habitudes de travail | OUI | NON

réponses au test précédent

Nombre de questions pour lesquelles vous avez répondu « oui »

0.1 Ce guide n'est peut-être pas fait pour vous. Vous pourriez sans doute gagner du temps en le laissant de côté. Nous vous suggérons de le retourner au service formation, à moins que vous ne pensiez qu'il puisse être utile à l'un de vos proches.

2.3 Vous allez probablement être un peu sceptique en prenant connaissance des expériences que nous vous proposons de faire. Ce guide peut quand même vous être profitable. Parlez-en à quelqu'un qui travaille déjà avec.

4.5 Vous êtes tout à fait le genre de personne pouvant bénéficier de cet entraînement, vous ne serez pas très à l'aise, mais ce n'est pas grave.

6.7 Vos réponses montrent que vous êtes bien placé pour profiter au maximum de ce guide.

conseils pour utiliser au mieux ce manuel individuel

1. Obligez-vous à étudier un chapitre par semaine et un chapitre seulement.

2. Arrivé à la moitié du livret, prenez deux semaines pour refaire le chemin parcouru.

3. L'étude de ce livre vous demandera près de cinq mois ; arrivé à la fin, fixez-vous une date, environ deux mois après, pour reparcourir l'ensemble de l'ouvrage.

4. Votre travail sera plus efficace si vous pouvez le faire en compagnie d'un collègue ou d'un membre de votre famille.

5. Vous constaterez que la lecture de chaque chapitre ne suffit pas ; il vous faut :

   a) réfléchir sur ce que vous apporte chaque chapitre ;

   b) relier le contenu des chapitres à votre expérience ;

   c) faire des exercices.

Il faut compter environ 1 heure 30 de travail pour chaque chapitre. Prévoyez chaque semaine la plage de travail durant laquelle vous ne serez pas dérangé pour vous livrer à ces apprentissages.

De plus, vous trouverez pages 71 et 72, un guide pour mettre au point votre **plan de progrès personnel.**

COMMUNIQUER

CHAPITRE

1

objectifs

A l'issue de ce chapitre, vous aurez une idée plus claire de ce que sont les phénomènes de communication.
Vous saurez repérer ce qui facilite ou entrave la communication.

les éléments de la communication

Pour analyser ce qu'est la communication, prenons un exemple :

Vous êtes chez vous dans votre fauteuil, vous venez d'ouvrir la télévision où se joue une pièce de théâtre particulièrement poignante. La situation est la suivante : un ÉMETTEUR (la télévision) transmet à un RÉCEPTEUR (vous-même) un MESSAGE (la pièce).

ÉMETTEUR —— message ——▶ RÉCEPTEUR

Quels peuvent être les obstacles à une bonne communication ?

1 Il peut y avoir une mauvaise TRANSMISSION à cause de parasites sur les ondes.

2 Des incompréhensions peuvent être provoquées par le LANGAGE utilisé. Cela peut être le cas par exemple, si la pièce date du XVIIe siècle, et que certaines tournures de phrases sont difficiles à comprendre.

3 Des difficultés peuvent venir du RÉCEPTEUR ; par exemple, si votre chien saute sur vos genoux, votre attention va être distraite.

4 Des difficultés peuvent venir de l'ÉMETTEUR ; par exemple s'il s'agit d'une pièce dramatique, il se peut qu'un acteur joue mal et ne trouve pas le ton juste. Il y a une mauvaise communication si l'on provoque un effet comique au moment où l'on veut être pathétique.

5 Si vous ouvrez la télévision lorsque la pièce est déjà commencée, vous risquez d'avoir du mal à tout comprendre, car les acteurs vont faire allusion à ce qui a été dit auparavant ; ils vont faire RÉFÉRENCE à une situation que vous avez du mal à saisir puisque vous n'avez pas vu le début de la pièce. Dans ce cas, on dit que récepteur et émetteur n'ont pas le même cadre de référence.

Les cinq éléments de la communication présentés ci-dessus peuvent parfois être l'occasion d'une mauvaise communication.

exercice

Nous vous proposons l'exercice suivant :

Voici des situations où la communication se fait mal. Essayer de trouver quel est l'élément qui pose problème (TRANSMISSION de l'information, LANGAGE du message, problème dû au RÉCEPTEUR, problème dû à l'ÉMETTEUR, manque de cadre de RÉFÉRENCE commun).

première situation

Vous demandez votre chemin dans une ville que vous ne connaissez pas. Un passant vous dit : « C'est simple : allez dans la ville ancienne vers le marché couvert. La rue que vous cherchez commence à l'Église Saint-André. »
Vous restez perplexe, car vous ignorez ce que sont la ville ancienne et le marché couvert ; de plus, vous apercevez trois clochers d'églises.
Le problème de communication est dû à un manque de cadre de référence commun entre vous et le passant ; celui-ci croit que vous connaissez un peu la ville alors que vous ne la connaissez pas du tout.

CADRE DE REFERENCE

RECEPTEUR

EMETTEUR

deuxième situation

Un ingénieur explique à un vendeur, avec des termes techniques, pour quelles raisons les modifications de produit demandées par le service commercial sont impossibles. Le vendeur répond : « Ce que vous me dites, pour moi c'est de l'hébreu. »

Le problème de communication est dû à ....

troisième situation

Vous participez à une réunion de copropriétaires. Le syndic explique les conditions dans lesquelles un ascenseur pourrait être installé dans l'immeuble. Votre voisin de palier lève la main avec insistance pour avoir la parole ; son intervention, bien préparée, ne tient pas vraiment compte des arguments qui viennent d'être présentés par le syndic.
Le problème de communication est dû à ....

quatrième situation

Votre fils, en classe de septième, doit apprendre une fable de La Fontaine. Consciencieux, il s'entraîne à la réciter convenablement car il craint d'être interrogé. Quand le professeur lui demande de passer au tableau, il récite la première strophe, ce qu'il redoutait arrive : il ne peut plus continuer, c'est le « trou ». Pourtant, il connaissait bien sa récitation.

Le problème de communication est dû à ....

cinquième situation

LEGRAND parle à DESPRES de la charge de travail : « Au cas où nous aurions une commande plus urgente que celle pour l'Egypte, il faudrait réorganiser le travail à l'atelier B, remplacer certaines machines et augmenter les effectifs. »
DESPRES en parle à LEJOINT, qui en parle à DUFOUR. DUFOUR en dit quelques mots à MEUNIER dans les termes suivants : « Puisqu'il y aura une commande qui remplacera celle d'Egypte, il va falloir d'urgence augmenter le nombre de machines de l'atelier B et changer les effectifs. »

La mauvaise communication est ici un problème de ....

réponses proposées pour l'exercice

Deuxième situation : *Le problème de communication est dû à un manque de LANGAGE commun entre l'ingénieur et le vendeur. L'ingénieur emploie des termes techniques que son interlocuteur ne saisit pas.*

Troisième situation : *Le problème de communication est dû au comportement du RÉCEPTEUR. Le voisin de palier est tellement occupé à préparer ce qu'il va dire qu'il n'écoute pas vraiment ce que dit le syndic.*

Quatrième situation : *Votre fils n'arrive pas à réciter la fable qu'il a apprise. Dans ce cas, l'ÉMETTEUR est tellement inquiet que cela le perturbe et qu'il n'arrive pas à émettre correctement. Il est fréquent que quelqu'un n'arrive pas à bien communiquer avec autrui en raison d'un manque de confiance en soi.*

Cinquième situation : *Le message venant de LEGRAND et transmis à MEUNIER, en passant par plusieurs intermédiaires, se trouve complètement déformé. Il y a eu sans doute des mauvais émetteurs et récepteurs, mais on peut dire que c'est surtout un problème de TRANSMISSION. Quand il y a plusieurs intermédiaires, un message est souvent déformé.*

le message en retour

Revenons à notre émission de télévision. Supposons que la pièce de théâtre qui est jouée ne vous plaise pas ; c'est une dramatique et vous préférez les pièces comiques.

Votre réaction la plus probable sera de fermer le bouton du poste et de cesser de regarder la télévision. Que peut-il se passer d'autre ? Mécontent du contenu de l'émission, vous écrivez au réalisateur pour demander le remplacement des dramatiques par des pièces comiques. Avec un peu de chance, si la majorité des téléspectateurs réagissent comme vous, le réalisateur va modifier ses émissions afin qu'elles soient plus adaptées.

On peut dire que, pour qu'une communication soit bonne, l'information ne doit pas être à sens unique. Il doit y avoir un message en retour permettant à l'émetteur de modifier ses messages.

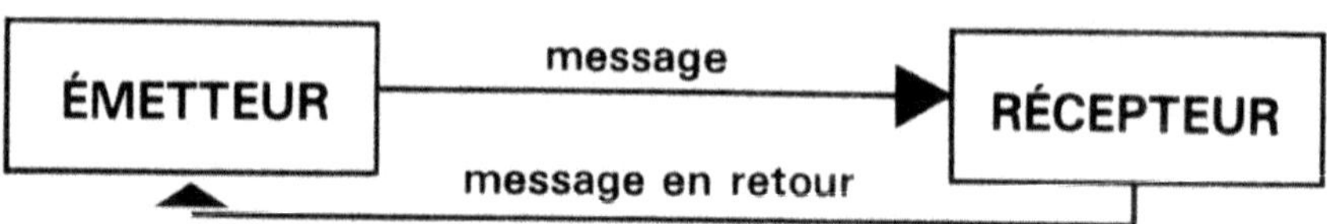

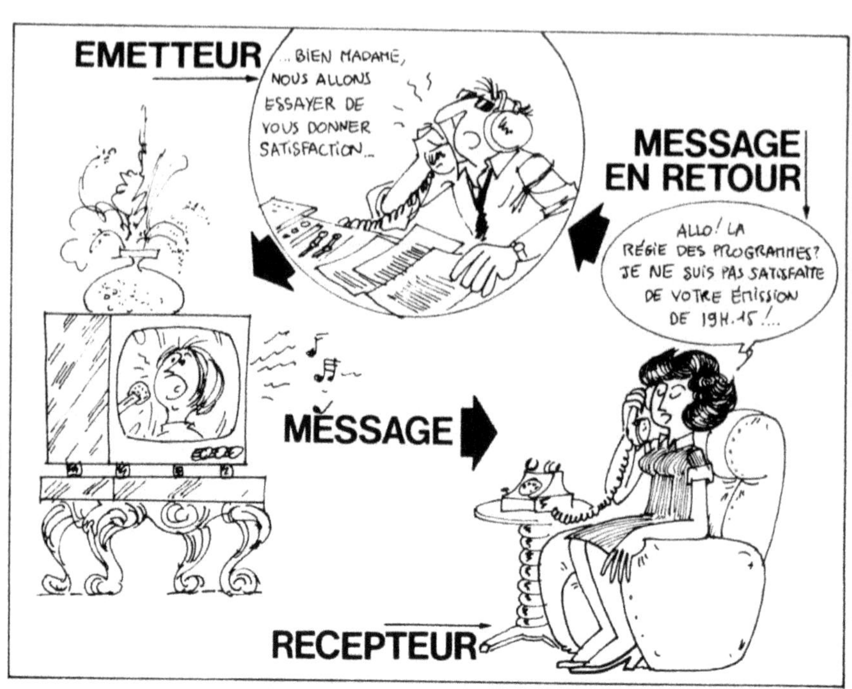

Beaucoup d'échecs de la communication sont dus à l'insuffisance des messages en retour.

exemple

Un professeur de mathématiques, après des explications compliquées, demande à ses élèves : « Avez-vous compris la théorie que je viens d'expliquer ? » – « Oui », répondent les élèves.
Plus tard, lors d'une composition écrite, le professeur se rend compte que les explications n'avaient pas été comprises.

Que s'est-il passé ? Le professeur a voulu provoquer un message en retour pour s'assurer que son message était bien passé. Sa question a provoqué des « oui » qui sont insuffisants pour vérifier que la communication est bonne. A votre avis, qu'aurait-il dû faire ?

---

exercice

Imaginez et décrivez ci-dessous une situation dans laquelle la mauvaise communication est due à une absence ou une insuffisance de message en retour :

---

tout communique

Dans une situation de communication, il y a deux choses qui sont importantes :

Premièrement, **ce que les interlocuteurs disent**, les mots qui sont prononcés. Ex. : – Je suis content de vous voir – Moi aussi.

Deuxièmement, **ce que les interlocuteurs ressentent**, au moment où ils prononcent ces mots.

Par exemple, celui qui dit : « Je suis content de vous voir », est peut-être :

A

B

C

D

A. content
B. très content
C. simplement poli
D. énervé et impatient

Donc, ce qui est important, ce n'est pas seulement ce que l'on dit, mais aussi le sentiment que l'on éprouve à ce moment-là. Et ce sentiment se communique de plusieurs façons.

Le sentiment que l'on éprouve se communique d'abord par le ton de la voix. Vous pouvez vous exercer à prononcer la phrase : « Je suis content de vous voir » de cinq ou six façons différentes et cela ne voudra pas dire la même chose.

Quelquefois, le ton de la voix révèle un sentiment différent de celui que l'on déclare ; exemples :

— (Voix très forte et agressive) Non, je ne me mets pas en colère !...

— (Voix hésitante et tendue) Le poste que l'on me propose ne me fait pas peur... Je me sens à la hauteur...

Par ailleurs, le sentiment que l'on éprouve se communique par les gestes et les attitudes. Un sourire ou une grimace sont très parlants ; quelqu'un qui regarde son interlocuteur droit dans les yeux manifeste une plus grande confiance en soi que celui qui a le regard fuyant.

On peut même communiquer sans prononcer une parole. Votre voisin de palier qui vous croise en faisant comme s'il ne vous voyait pas communique ceci : « Je n'ai pas envie d'entrer en relation avec vous. »

Nous pouvons retenir les idées suivantes :

— La communication ne se fait pas uniquement avec des mots, tout en nous communique.

— Cette communication se fait à deux niveaux : les mots que je prononce et ce que je ressens.

Pour communiquer convenablement, il est utile que je me rende compte de ce que je ressens et de ce que mon interlocuteur ressent.

entraînement

Nous vous proposons d'observer le comportement physique des personnes qui communiquent et de vous exercer à comprendre ce que cela signifie. En fait, vous savez déjà déchiffrer ce langage non verbal.

La preuve ? Vous n'aurez pas de mal à faire l'exercice suivant.

Vous trouverez ci-dessous quatre dessins qui présentent des attitudes physiques.

Par ailleurs, voici quatre états d'esprit qui correspondent à ce que ressent la personne :

a) décidé, prêt à agir
b) hésitant, réfléchit avant de choisir
c) énervé, impatient
d) méfiant, sur la défensive

Votre travail consiste à mettre en rapport les quatre attitudes physiques avec l'état d'esprit correspondant.
Indiquez sous chaque dessin la désignation de l'état d'esprit correspondant.

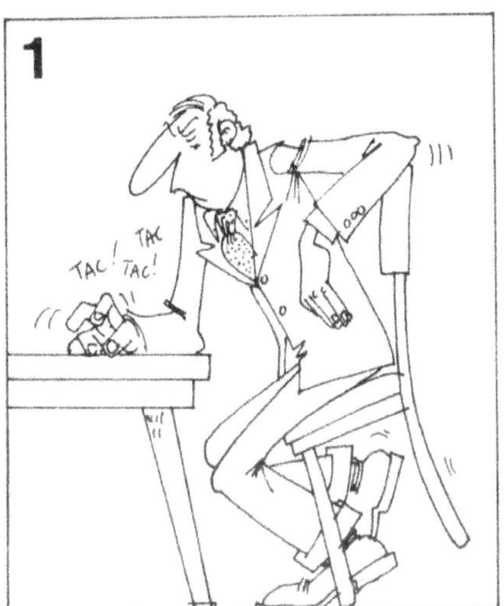

Il remue sur sa chaise et ses doigts pianotent sur la table ☐

Il se tient droit, la veste déboutonnée, les mains sur les hanches ☐

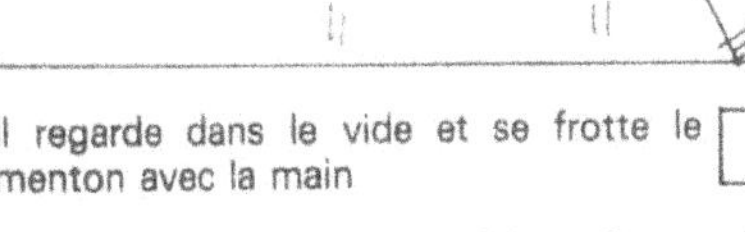

Il regarde dans le vide et se frotte le menton avec la main ☐

Assis, il croise les bras, croise les jambes et fronce le sourcil ☐

Les réponses nous semblent être celles-ci : 1-c ; 2-a ; 3-b ; 4-d.

Pour vous entraîner à l'observation des attitudes physiques, nous vous suggérons de regarder telle ou telle émission de télévision **en coupant le son** et en essayant de deviner ce que ressentent les personnes en présence. C'est un bon moyen de vous exercer à observer des détails significatifs, qui vous échappent d'habitude.

principes

Pour résumer ce chapitre, nous vous proposons les principes suivants :

1 *Une communication efficace suppose que le récepteur reçoive et comprenne le message, conformément aux intentions de l'émetteur.*

2 *Pour qu'une bonne communication s'établisse entre un émetteur et un récepteur, il faut qu'il y ait une possibilité de message en retour et il faut que l'émetteur tienne compte de ce message en retour.*

3 *La communication ne se fait pas uniquement avec des mots. Dans une situation de communication, il ne faut pas s'attacher uniquement aux mots prononcés, il convient également d'être attentif à ce que chacun ressent.*

votre expérience

Il vous est déjà arrivé d'être confronté à des situations où la communication ne se fait pas de façon efficace.

Essayez de vous souvenir de deux cas précis et décrivez-les ci-dessous :

1 . . . .

. . . .

. . . .

2 . . . .

. . . .

. . . .

A la lumière de ce que nous avons vu dans ce chapitre, analysez quelle était, dans chaque cas, la cause exacte de mauvaise communication :

1 . . . .

. . . .

. . . .

2 . . . .

. . . .

. . . .

note

Il faut bien distinguer : – communiquer de façon efficace avec quelqu'un
et : – bien s'entendre avec quelqu'un.

On peut avoir des désaccords ou des intérêts divergents avec une personne et cependant communiquer de façon efficace avec elle.

DE QUOI S'AGIT-IL ?

CHAPITRE

2

Un lundi matin, Jean LEROY donne l'instruction suivante à ses collaborateurs :

RANGEMENT DU MAGASIN D'OUTILLAGE !

... IL FAUT RAPIDEMENT DÉPLACER PLUSIEURS RANGÉES D'ÉTAGÈRES !

... ET EN RETIRER UNE POUR FAIRE DE LA PLACE !

... CAR ON VA INTRODUIRE TROIS GRANDES ARMOIRES...

TROIS !

exercice

En fait, LEROY a commis plusieurs erreurs. Lesquelles ?
Essayer de dresser la liste des précisions qu'il aurait dû donner

. . . .

. . . .

. . . .

. . . .

Une réponse est proposée page 23.

votre expérience

Vous est-il déjà arrivé
de vous faire expliquer
un chemin à suivre
et de ne pas comprendre
ce qui était dit ?
Quel effet
en avez-vous ressenti ?

. . . .

. . . .

. . . .

. . . .

. . . .

. . . .

. . . .

Vous-même
avez-vous le sentiment
d'être clair
lorsque vous donnez
des consignes à quelqu'un

. . . .

. . . .

. . . .

. . . .

. . . .

. . . .

. . . .

Il faut bien reconnaître que certains « malentendus » sont provoqués par des « mal-dits ».

L'objectif de ce chapitre est de vous montrer une façon simple de s'habituer à être clair et précis quand on parle à quelqu'un.

objectif de ce chapitre

principe

Une bonne façon d'être clair et précis consiste à se poser systématiquement les questions suivantes : qui ? quoi ? quand ? combien ? où ?

C'est là un moyen d'organiser ses idées et de s'assurer que l'on n'oublie rien d'important.

...TU PORTERAS CE PANIER GARNI A L'ONCLE SÉBASTIEN QUI SE TROUVE BIEN SEUL...

PAULO

QUI **QUOI** **QUAND**

COMBIEN **OÙ**

Il convient également de poser les questions comment ? pourquoi ? La question comment se ramène en fait aux questions déjà citées, qui, quoi, quand, combien, où. Le pourquoi fera l'objet d'un chapitre ultérieur.

entraînement

Voici une série de phrases. Nous vous proposons d'examiner en quoi elles sont insuffisantes ou ambigües et à l'aide des questions précédentes, de retrouver quelles sont les précisions qui manquent et d'en imaginer le complément.

exemple 1

Tu penseras à nourrir chaque matin le poisson rouge du salon ; la nourriture est dans la commode

QUI	QUOI	QUAND	COMBIEN	OÙ
tu	penseras à nourrir le poisson rouge du salon	chaque matin	?	la nourriture est dans la commode

Nous avons oublié de dire **combien** de nourriture (par exemple une cuiller à café).

2

Autres phrases :

Au stage, la feuille de présence doit être établie tous les matins

. . . .

3

Quand vous monterez l'échafaudage du bâtiment C, vous veillerez à ne pas approcher d'outils métalliques de la ligne à haute tension

. . . .

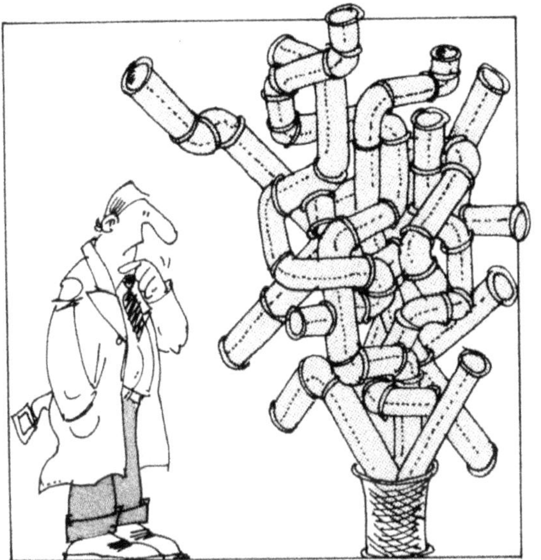

Il y a beaucoup de rebuts ce mois-ci

4

Quand tu reviendras du magasin d'outillage, apporte-nous deux caisses à outils

5

Je n'ai pas assez de monde, il faudra muter du personnel dans mon service

6

7

Je constate que la nouvelle machine est souvent en panne

8

Mettre dans un bol un œuf entier, 1/2 tasse de farine, 1/3 de tasse de sucre en poudre, 3 cuillères à soupe de beurre ramolli, un paquet de levure chimique et deux pincées de sel. Mélanger longuement avec la main pour faire une boule. Peler 3 belles pommes, les couper en tranches fines. Beurrer le moule et le sucrer avec 1/3 de tasse de sucre en poudre. Ranger plusieurs couches de tranches de pommes dans le moule. Saupoudrer avec 1/3 de tasse de sucre en poudre et un paquet de sucre vanillé. Allumer le four à 6. Étendre la pâte au rouleau, la poser sur les pommes et glisser le bord entre les pommes et le moule. Au four 50 minutes.

Recette pour faire une tarte retournée aux pommes.

9

Maintenant vous pouvez arrêter cet entraînement ; comptez le nombre de bonnes réponses en comparant avec le corrigé.

corrigé de l'exercice

les erreurs de Leroy

corrigé de l'entraînement

Il manque le **QUI** (le secrétaire de séance ? l'animateur ?).

2

Il manque le **COMBIEN** (à trois mètres de la ligne à haute tension).

3

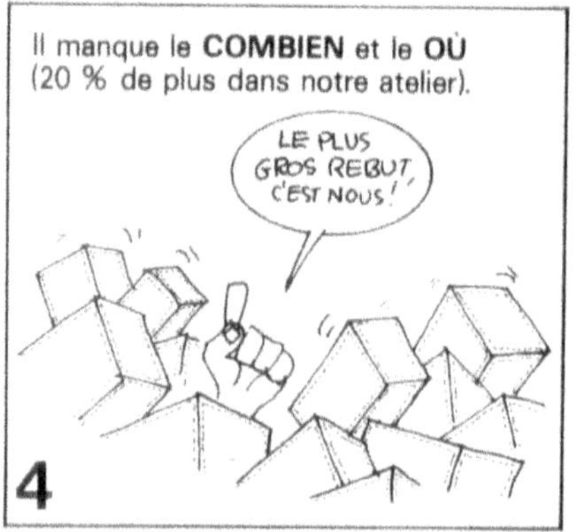

Il manque le **COMBIEN** et le **OÙ** (20 % de plus dans notre atelier).

4

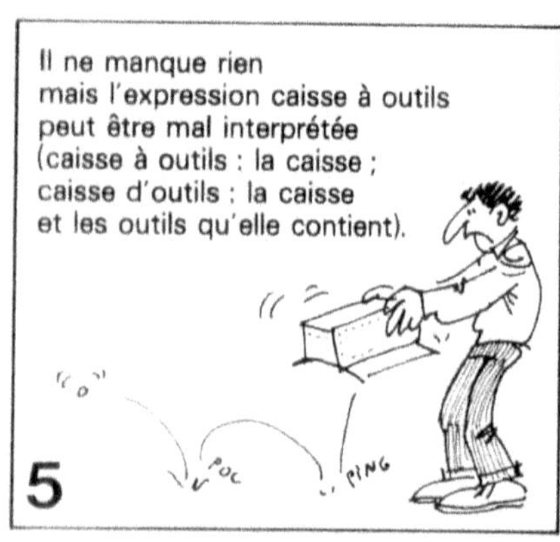

Il ne manque rien mais l'expression caisse à outils peut être mal interprétée (caisse à outils : la caisse ; caisse d'outils : la caisse et les outils qu'elle contient).

5

Il manque le **COMBIEN** et le **QUAND** (5 personnes dès la semaine prochaine).

6

Il manque le **COMBIEN** et le **QUAND** (2 fois en panne en un mois).

7

Cet ensemble d'instructions est assez complet, il est bien précisé quoi, où, quand, combien. Un oubli cependant, on ne dit pas **QUI** doit opérer ; votre femme, direz-vous... et pourquoi pas vous-même ? Bon appétit.

8

Il manque le **OÙ** (réponse à la page **8** Excusez le rédacteur de ce moment de distraction).

9

Nous vous invitons à poursuivre cet entraînement dans la semaine qui vient :

- soyez attentif aux instructions que vous donnez ou que vous recevez
- mettez-les par écrit
- analysez de la même façon quels sont les éléments qui manquent.

VOYEZ-VOUS CE QUE JE VEUX DIRE ?

CHAPITRE

3

objectif

L'objectif de ce chapitre est de vous montrer que le locuteur doit utiliser un champ lexical qui appartienne au même référent que celui de son vis-à-vis. Voyez vous ce que je veux dire ?

Non, pas du tout [1].

Excusez-moi, je veux dire que pour communiquer, il est important de parler avec les mêmes mots que son interlocuteur.

1. Même si vous aviez compris, vous auriez dû répondre « non ». En effet, quand quelqu'un pose cette question « Est-ce clair ? », c'est que lui-même commence à s'embrouiller. En répondant « oui », vous ne lui donnez pas l'occasion de réfléchir plus profondément. En répondant « non », il va faire l'effort de clarifier sa pensée pour vous, mais en même temps, c'est lui qui va en profiter.

(Vous voudriez bien qu'ici je vous pose la question « Avez-vous compris ? » Désolé ! Je ne tomberai pas dans le piège.)

votre expérience

Vous est-il déjà arrivé de travailler avec des étrangers ? Quelles sont les causes des difficultés de communication que l'on rencontre ?

Vous est-il déjà arrivé que l'on vous parle avec un langage de spécialiste peu compréhensible pour vous ? Qu'avez-vous alors éprouvé ?

Avez-vous assisté à des conversations dans lesquelles deux personnes ne se comprennent pas parce qu'elles ne mettent pas la même chose derrière les mêmes mots ? Répétez l'exemple à quelqu'un.

exercice

Faisons une expérience :

Voici une liste de mots. Écrivez en face de chacun le chiffre qui pour vous exprime l'idée contenue dans le mot.

vite (rouler) 140 km/h

vieux _ _ _ _ _ _ _ _

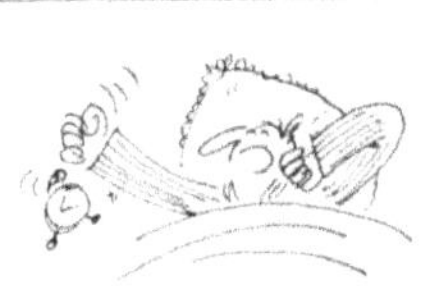

tôt (se lever) _ _ _ _ _ _ _ _

loin (partir en vacances) _ _ _ _ _ _ _ _

grand (un homme) _ _ _ _ _ _ _ _

léger retard (au travail) _ _ _ _ _ _ _ _

famille nombreuse _ _ _ _ _ _ _ _

salaire élevé _ _ _ _ _ _ _ _

Voici une autre liste de mots. Sans trop réfléchir, écrivez en face le premier mot qui vous vient à l'esprit.

liberté Bastille

équipe _ _ _ _ _ _ _ _

amour _ _ _ _ _ _

chef _ _ _ _ _ _

femme _ _ _ _ _ _

livre _ _ _ _ _ _

moi _ _ _ _ _ _

démocratie _ _ _ _ _ _

Proposez à un ami de faire la même chose que vous avec les mêmes listes de mots. Comparez les résultats.

Qu'avez-vous remarqué ? Comment interprétez-vous les différences ?

. . . .

Tirez-en une conclusion

. . . .

On peut constater qu'un même mot ne correspond pas exactement à la même chose pour tout le monde. On peut aussi voir qu'un mot est associé à des idées assez différentes selon les personnes.

principe

On pourrait tirer de cette expérience la leçon suivante :

> *Les mots en eux-mêmes n'ont pas une signification absolue, ce sont les hommes qui leur donnent un sens ; il est important de s'assurer que deux interlocuteurs donnent le même sens aux mots employés.*

---

exercice

Savez-vous choisir les mots qui conviennent ?

Efforcez-vous de reproduire ci-dessous les phrases que vous utiliseriez pour décrire à trois interlocuteurs différents la fonction que vous remplissez dans votre entreprise.

---

premier interlocuteur

Un collègue de travail

deuxième interlocuteur

Un Japonais qui visite votre entreprise

troisième interlocuteur

Un groupe d'enfants d'une école (8-10 ans)

Quelles sont les différences entre vos trois présentations ? Les mots sont-ils bien choisis ?

corrigé de l'exercice

1er cas

VOS TROIS
PRÉSENTATIONS
SE RESSEMBLENT

2e cas

VOUS ÊTES EN TRAIN
DE LIRE LE CORRIGÉ
SANS AVOIR
FAIT L'EXERCICE

3e cas

VOS TROIS
PRÉSENTATIONS
SONT BIEN DIFFÉRENTES

Il est normal que les présentations 1 (collègue de travail) et 3 (enfants des écoles) soient différentes.
Quand à votre présentation 2 (Japonais en visite) elle est probablement inadaptée puisque vous ne savez pas au départ quel est son niveau de connaissance du français.
Le seul moyen de le savoir serait de commencer par le faire parler pour repérer quel est son vocabulaire.
Bien sûr cela vous était impossible dans cet exercice machiavélique.

entraînement

Vous avez sans doute remarqué qu'il est difficile de donner certaines explications à des enfants précisément parce qu'ils n'ont pas encore le même vocabulaire et les mêmes connaissances que vous.

Cela peut constituer un entraînement profitable.

Une bonne façon de s'exercer à adapter son langage à l'interlocuteur serait de vous adresser aux enfants de votre entourage pour leur expliquer certains phénomènes avec des mots simples, des images qui parlent. Exemple : le fonctionnement d'un tourne-disque, comment marche un moteur à explosion, le principe du radar...

remarque

Si vous-même ne savez pas bien comment fonctionne le radar, c'est le moment où jamais de vous le faire expliquer, par un ingénieur par exemple. Soyez vigilant pour que lui-même n'utilise pas des termes techniques que vous ne comprenez pas. Évitez les ingénieurs japonais, bon courage.

IL N'Y A PLUS DE CONSCIENCE PROFESSIONNELLE

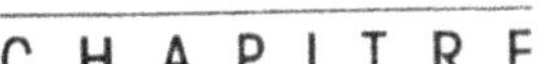

CHAPITRE 4

Nous présentons, ci-dessous, un certain nombre d'idées. Pour chacune d'elles, nous vous demandons d'indiquer :
— celles avec lesquelles vous êtes d'accord (mettre la lettre A) ;
— celles avec lesquelles vous êtes en désaccord ou pour lesquelles vous n'avez pas d'opinion (mettre la lettre B).

1 . . *Les médecins ont souvent une écriture peu lisible*

2 . . . . *Les Bretons sont têtus*

3 . . . . . *Les Anglaises ont les dents longues*

4 . *Les femmes sont plus intuitives que les hommes et les hommes ont des raisonnements plus logiques*

5 . . . . *Les Allemands sont d'un naturel discipliné, consciencieux et un peu lourds d'esprit*

6 . . . *La barbe et les cheveux longs sont souvent l'indice d'un esprit de contestation*

7. *De nos jours, il y a de moins en moins de conscience professionnelle*

8 . . . . *Les Africains sont de grands enfants*

9 . . *En général, les Suédoises sont « faciles »*

Maintenant, pour chaque opinion avec laquelle vous êtes d'accord, efforcez-vous de justifier votre réponse. Pouvez-vous la relier à des **faits précis** correspondant à **votre expérience ?**

. . . .

. . . .

. . . .

. . . .

. . . .

. . . .

. . . .

. . . .

. . . .

. . . .

. . . .

commentaires

Qu'est-ce qu'une opinion ? C'est une appréciation que l'on porte sur des personnes ou des situations.

D'où viennent nos opinions ?

Quelquefois, elles viennent des autres : je suis influencé par ce que dit mon beau-frère, mon journal, ma concierge et sans m'en rendre compte je reprends des idées toutes faites qui circulent dans le milieu dans lequel je vis.

Quelquefois, elles viennent de quelques observations isolées : à partir de quelques cas, j'énonce une règle générale de façon abusive.

Il en résulte que les opinions sont toujours discutables.

Les 9 opinions que nous avons présentées ci-dessus constituent une belle collection d'idées toutes faites.

Comptez le nombre d'opinions avec lesquelles vous étiez d'accord (lettre A). S'il y en a 5 ou plus et si vous n'avez pas pu les justifier par des faits précis, dites-vous que vous êtes sans doute perméable aux préjugés et aux idées toutes faites. Méfiez-vous de vos opinions.

Si vous avez justifié vos réponses par des faits précis, demandez-vous si les faits observés sont assez nombreux pour en déduire une règle générale ; vous appuyez-vous sur un raisonnement logique ?

L'objectif de ce chapitre est de vous aider à distinguer, dans vos propres paroles, les **FAITS** et les **OPINIONS**, et de vous entraîner à transformer l'expression d'opinions en expression de faits et de sentiments.

objectif de ce chapitre

exercice 1

Voici une liste de phrases. Certaines expriment une opinion, d'autres présentent des faits.

Votre travail consiste à les reconnaître, à inscrire la lettre O dans le cercle devant celle qui est une opinion et la lettre F devant celle qui présente des faits.

1 Ce livre est très intéressant

2 J'ai lu ce livre en deux heures

3 Ce garçon est impossible à vivre

4 Mon entrepôt est trop petit ; les armoires sont pleines ; je suis obligé de ranger les pièces dans la cour

5 Le moteur de cette voiture d'occasion est en bon état

6 Ce moteur a été entièrement révisé le mois dernier ; il est vendu avec un bon de garantie

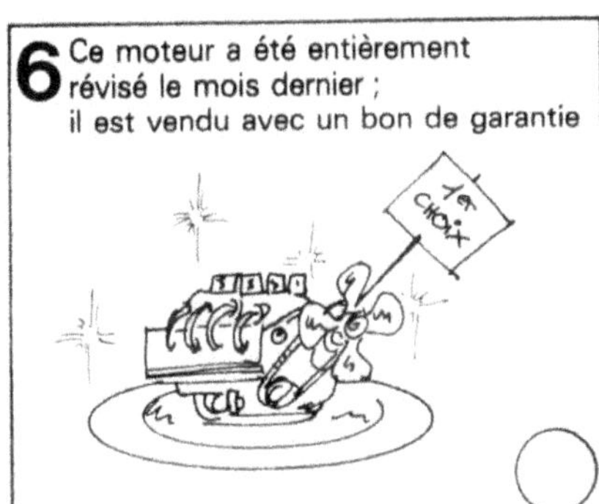

7 Je trouve que l'on serre trop souvent les prix au détriment de la qualité

8 Ce coursier travaille bien ; il faut l'augmenter

9 Je pense que votre fils est incapable de faire un effort soutenu

10 L'exercice que vous nous faites faire en ce moment n'est pas très bon

exercice 2

Il est légitime d'avoir des opinions mais vous avez compris que, pour éviter d'exprimer des opinions discutables, il était utile de présenter des faits précis (qui, quand, quoi, où, combien...).
Dans cet exercice, nous vous proposons de remplacer l'expression d'une opinion par l'expression de faits.

exemple

OPINION	FAITS

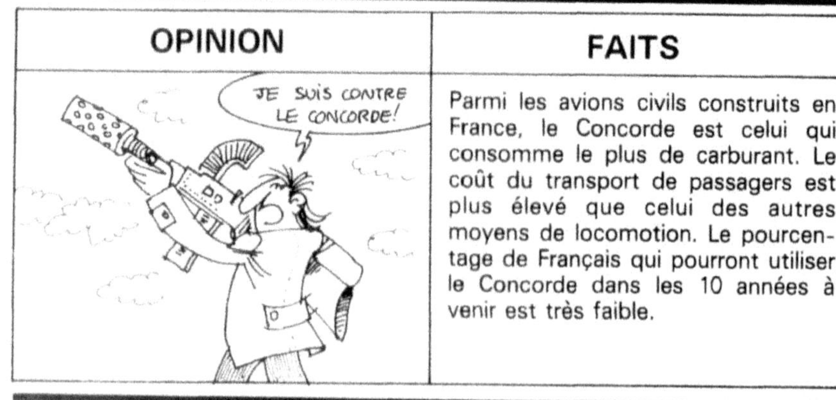

Parmi les avions civils construits en France, le Concorde est celui qui consomme le plus de carburant. Le coût du transport de passagers est plus élevé que celui des autres moyens de locomotion. Le pourcentage de Français qui pourront utiliser le Concorde dans les 10 années à venir est très faible.

maintenant, à votre tour

Vous vous souvenez de ce que l'on a dit au chapitre 1 : on distingue deux niveaux dans la communication. Il y a ce que l'on dit et ce que l'on ressent.

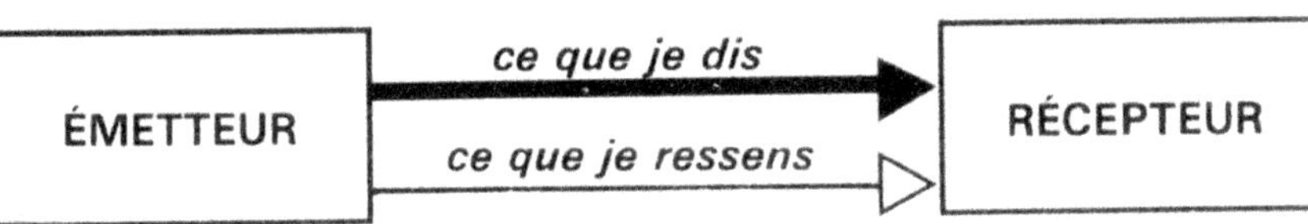

Il est très utile, dans la communication, de dire ce que l'on ressent. Lorsque l'on exprime les sentiments que l'on éprouve, cela crée un climat de confiance avec l'interlocuteur.

L'expression des sentiments peut se faire par des phrases telles que :

Attention ! Il ne faut pas confondre « exprimer une opinion » et « exprimer ce que l'on ressent ».

exercice 3

L'exercice suivant consiste à distinguer l'expression des sentiments (S) et l'expression des opinions (O). Vous trouverez la réponse en page 39.

1 ☐ Je suis très déçu par ce qui est arrivé aujourd'hui

2 ☐ C'est une nouvelle catastrophique ; nous n'avons pas fini d'en subir les conséquences

3 ☐ Je suis tout à fait démoralisé d'avoir raté cet examen

4 ☐ On parle dans le vide avec lui ; il n'écoute jamais rien

5 ☐ J'en ai assez de vos interruptions continuelles

6 ☐ Ce professeur est nul, il ne nous apprend jamais rien

7 ☐ Nous trouvons tous que vous êtes remarquable

8 ☐ Je ne me sens pas à l'aise dans ce groupe

9 ☐ Je ne suis pas à ma place dans ce groupe

10 ☐ Je suis un raté, je ne réussis jamais rien

11 ☐ J'ai le sentiment que le gouvernement devrait prendre des mesures plus énergiques pour freiner la hausse des prix

exercice 4

Dans l'exercice suivant, nous vous proposons de vous exercer à transformer l'expression d'opinions en expression de sentiments personnels.

remarque

Nous prenons le contre-pied de ce qui se fait d'habitude. En général, on habitue les gens à ne pas exprimer leurs sentiments ou à les réprimer.
Aux enfants, on dit souvent : « Ne pleure pas si tu es un homme » ; « calme-toi » ; « ne t'énerve pas ainsi ».
A quelqu'un qui est triste, on dit : « Ne soyez plus triste, pensez à quelque chose de gai. »
A quelqu'un qui perd confiance, on dit : « Allez, ne perdez pas courage. »
D'une façon générale, on incite les gens à ne pas exprimer leurs sentiments comme ils les ressentent. En réalité, ce n'est pas d'éprouver des sentiments qui crée des difficultés de communication, mais de ne pas les exprimer, de les étouffer.

Transformez les phrases suivantes en description de sentiments personnels :

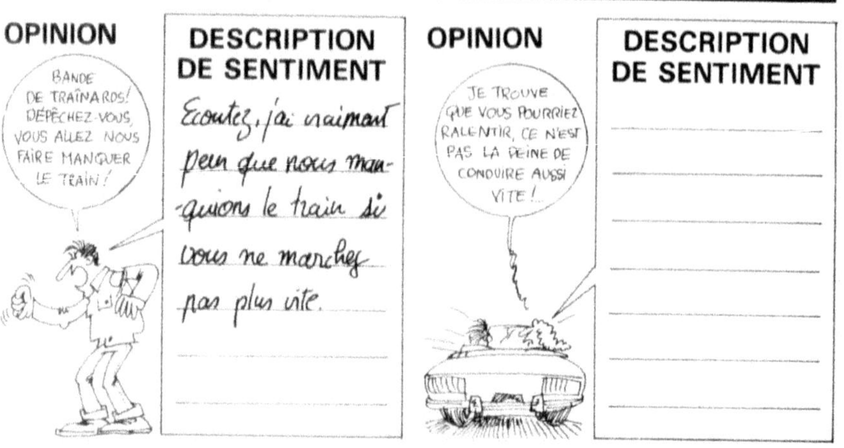

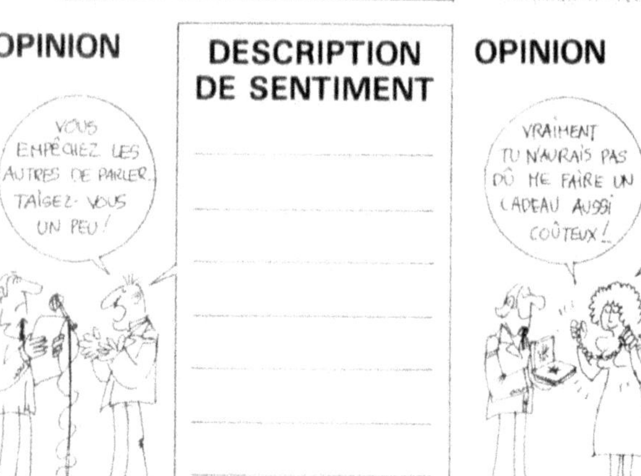

Savez-vous que 80 % des échanges entre les personnes sont constituésd'**opinions ?** (C'est un fait qui a été démontré par des expériences.)

Il n'est pas étonnant que les hommes aient du mal à communiquer car il est difficile de se mettre d'accord sur des opinions.

principe

On améliore l'efficacité de la communication en s'efforçant de retenir l'expression trop rapide d'opinions, en s'attachant à présenter des faits et en décrivant les sentiments que l'on éprouve.

réponses aux exercices

exercice 1

Exercice n° 1

1. O Quelqu'un d'autre peut trouver le livre sans intérêt
2. F C'est indiscutable
3. O D'autres personnes peuvent très bien s'entendre avec lui
4. F
5. O Qu'appelle-t-on bon état ? C'est une opinion si l'on ne fait pas référence à des normes communes définissant le « bon état »
6. F
7. O Qu'est-ce qui fait dire cela ? Qu'appelle-t-on un niveau de qualité satisfaisant ? Le niveau de qualité optimal peut être défini et non tenu à cause du prix
8. O Est-il plus rapide ? Fait-il moins d'erreurs que d'autres ?
9. O Peut-être ne sait-on pas intéresser cet enfant
10. O C'èst une opinion

exercice 3

Exercice n° 3

1. S « Je suis très déçu » est bien l'expression des sentiments que je ressens
2. O « C'est une nouvelle catastrophique », la personne qui dit cela éprouve des sentiments au moment où elle le dit, mais elle ne les exprime pas de façon explicite ; les mots qu'elle prononce sont un jugement, une opinion sur la situation
3. S La phrase décrit bien le sentiment éprouvé
4. O Celui qui parle ici éprouve des sentiments, mais il exprime une opinion. La description des sentiments personnels doit comprendre les mots : « je », « moi », « mon »
5. S La phrase dit clairement ce que l'on ressent

6. O Au lieu de parler de soi-même, on porte un jugement sur le professeur ; ce n'est pas une description de sentiment personnel
7. O Premièrement, celui qui parle se cache derrière la phrase « nous trouvons... » et ne parle pas personnellement, deuxièmement « remarquable » est un jugement de valeur et ne décrit pas un sentiment
8. S Celui qui parle décrit son sentiment
9. O Attention ! Cela ressemble beaucoup à la phrase précédente, cependant, celui qui parle dit qu'il n'**est** pas à sa place, il donne une opinion sur lui-même, il confond ce qu'il est et ce qu'il ressent
10. O Là également, on porte un jugement sur soi-même
11. O Celui qui parle annonce un sentiment mais en réalité il présente une opinion sur une situation

entraînement

Nous vous proposons de poursuivre votre effort de deux façons :

Lorsque vous vous apprêtez à exprimer une opinion, efforcez-vous de présenter d'abord des faits précis. C'est la continuation de l'entraînement du chapitre II (qui, quoi, quand, où, combien...)

Entraînez-vous à exprimer des sentiments ; cet entraînement sera plus difficile.

Pour que vous vous rendiez compte de vos progrès, nous vous suggérons de cocher une case dans la grille ci-dessous à chaque fois que vous aurez décrit vos sentiments à un interlocuteur.

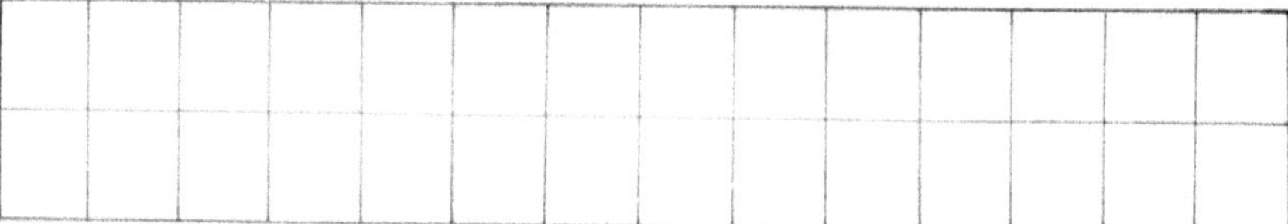

Les rédacteurs de ces lignes éprouvent un sentiment de grande confiance vis-à-vis de ce genre d'entraînement lorsque l'on souhaite accomplir des progrès réels.

Il vous souhaite bon courage !

M'AVEZ-VOUS BIEN COMPRIS ?

CHAPITRE

5

objectif

Si vous faites ce qui est proposé dans ce chapitre, vous saurez ce qu'il faut faire pour être entendu et vous serez capable de donner des instructions qui seront bien comprises.

votre expérience

Il vous est sans doute déjà arrivé de donner des instructions ou un renseignement à quelqu'un et de vous rendre compte plus tard qu'il avait mal écouté ou mal compris. Donnez-vous quelques minutes pour vous souvenir d'un de ces incidents. Pouvez-vous raconter clairement cette anecdote ?

. . . .

. . . .

. . . .

. . . .

. . . .

. . . .

Dans le cas auquel vous pensez, qui était le responsable de cette mauvaise communication selon vous ?

. . . .

. . . .

. . . .

. . . .

. . . .

Vous est-il arrivé récemment de recevoir des instructions peu claires ? quand ? de quoi s'agissait-il ?

. . . .

. . . .

. . . .

. . . .

. . . .

exercice

Voici un dialogue :

Que peut-il se passer après un tel dialogue ? Il se peut que Alain fasse correctement le travail qu'on lui demande. Mais il se peut aussi qu'il se trompe de machine ou bien qu'il oublie de vérifier que personne n'a besoin de la machine ou encore il peut remonter à l'envers les pignons qui justement étaient à l'endroit.

Deux questions se posent :

—Dans ce dialogue, LEFRANC a essayé de s'assurer qu'il était bien entendu par ALAIN. A votre avis, quel effet a-t-il produit sur ALAIN ?

— Qu'aurait dû faire LEFRANC pour s'assurer qu'ALAIN l'avait bien entendu et compris ? Écrivez ci-dessous la phrase qu'il aurait dû prononcer à la fin du dialogue.

Vous l'avez certainement deviné :

> *Si LEFRANC veut s'assurer qu'ALAIN a bien entendu et compris ce qu'il vient de lui dire, la meilleure chose à faire est de lui faire répéter.*

« ALAIN, peux-tu s'il te plaît me répéter ce qu'il faut faire ? »
Ce n'est pas toujours facile de faire répéter ALAIN, parce qu'il n'a pas envie qu'on le prenne pour un imbécile. On est sûr de contrarier quelqu'un si on lui dit une phrase comme celle-ci :

« ALAIN, peux-tu me répéter ce que je viens de dire afin de vérifier que tu as bien compris ? » Il vaut mieux avoir à sa disposition des phrases comme celles-ci :

Ce n'est pas du tout la même chose de dire d'un côté « je vais vérifier que tu as compris » et de l'autre « je vais vérifier que j'ai été clair ».

> *Lorsque l'on fait répéter un message à quelqu'un, l'émetteur doit prendre sur lui la responsabilité de l'incompréhension qui aurait pu se produire.*

Enfin, il ne faut pas oublier de remercier la personne qui vient de répéter un message « oui, c'est exactement ce que je voulais dire », « je vous remercie » car elle a pris le risque de montrer une éventuelle incompréhension.

entraînement

Les deux principes proposés ci-dessus sont valables quand on donne une instruction à quelqu'un mais aussi d'une façon générale, quand on a quelque chose d'important à communiquer.
Nous vous proposons maintenant de vous entraîner à appliquer ces deux principes dans les quinze jours qui viennent. N'oubliez pas que ces pages n'ont d'intérêt que par ce que vous faites après avoir lu chaque chapitre.
Pour vous aider, nous vous proposons de remplir le tableau suivant en indiquant au jour le jour le nombre de fois où vous aurez invité un interlocuteur à répéter le message et le nombre de fois où vous auriez pu le faire mais où vous avez oublié .

	DEMANDE DE RÉPÉTITION DE MESSAGE	OUBLI DE DEMANDE DE RÉPÉTITION DE MESSAGE
LUNDI		
MARDI		
MERCREDI		
JEUDI		
VENDREDI		
SAMEDI		
DIMANCHE		

Pensez toujours à prendre sur vous la responsabilité d'une incompréhension possible.

note

Vous pourrez utiliser aussi ce conseil avec vos enfants. Vous verrez que cela évite de nombreuses querelles. Très souvent, les enfants n'exécutent pas les consignes que nous leur donnons parce qu'ils ne les ont pas comprises et nous ne le savons pas. Nous n'osons dire qu'il en est ainsi entre mari et femme, mais vous pouvez toujours faire l'expérience !

POURQUOI TOUJOURS MOI ?

CHAPITRE

6

exercice

Nous vous proposons de réfléchir sur le cas suivant :

FRANÇOIS est un contremaître assez exigeant sur la qualité du travail et la discipline ; il est souvent sous pression à cause de la quantité de travail à faire.

BERNARD est un ouvrier compétent, plus rapide que soigneux. Il a su s'adapter à des postes variés. Il est astucieux pour trouver des arrangements qui font gagner du temps. Par ailleurs, il est assez remuant, pas facile à diriger, à la fois boute-en-train et colérique.

Ce jour-là, FRANÇOIS apprend qu'un ouvrier a la grippe. Il faut le remplacer rapidement parce qu'il travaillait sur une machine indispensable à la fabrication en cours. De tous les ouvriers susceptibles de faire le remplacement, c'est BERNARD le plus capable ; il est donc choisi pour conduire la machine.

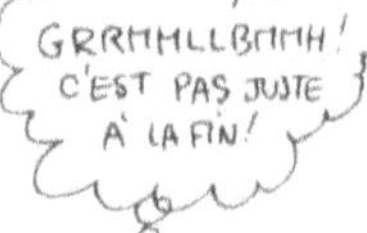

Voici une journée mal commencée pour BERNARD et même pour FRANÇOIS l'atmosphère ne va pas être bonne.

A votre avis, qu'est-ce-que FRANÇOIS a oublié de dire ? Qu'aurait-il dû faire pour éviter l'incident ?

Inscrivez ci-dessous votre réponse puis voyez ce que nous vous proposons page 51

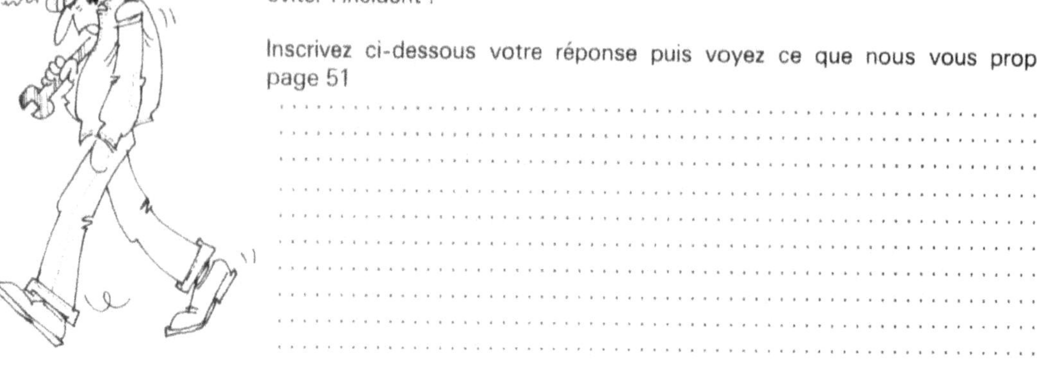

principe

*Quand on donne une instruction à quelqu'un, il est important de lui en **expliquer le pourquoi**.*
Donner les raisons des décisions est triplement utile :

1

Une personne est plus motivée quand elle sait pourquoi elle fait quelque chose et quels sont les objectifs poursuivis.

2

Une personne à qui l'on demande de suivre un mode opératoire sans le justifier peut prendre l'initiative de le modifier en croyant bien faire et ne pas se rendre compte des conséquences de son geste.

ET SI JE PRÉVOYAIS PLUTÔT UN PETIT SEMIS DE CÉLERI... CE NE SERAIT PAS ININTÉRESSANT!

3

Une personne à qui on ne donne pas les raisons est tentée de les imaginer, elle peut alors faire de fausses interprétations (croire qu'on lui en veut, qu'on la juge mal... alors que ce n'est pas le cas).

remarques

A Beaucoup de gens sont habitués à donner et à entendre des raisons, mais de mauvaises raisons. Cela commence jeune : « Il faut manger de la soupe pour grandir », « Les enfants doivent se coucher à 9 heures car autrement ils risquent d'être changés en grenouilles », et cela continue plus tard. De telles manières de faire sont inefficaces et maladroites. Maladroites car elles ne trompent personne même pas de jeunes enfants. Inefficaces, parce que celui qui entend de tels arguments, les juge faux et n'est pas motivé pour agir. A plus forte raison cela est **absolument** déconseillé dans le cadre de la vie professionnelle avec des adultes.

B Il y a des situations délicates dans lesquelles il est difficile de donner les vraies raisons (information à caractère familial ou personnel, secret professionnel, volonté de ne pas blesser...). Dans ce cas, il faut au moins éviter d'inventer de fausses raisons.

Il est souhaitable de prononcer des phrases comme celles-ci :
« Excusez-moi je ne peux pas vous répondre. »
« Vous voulez savoir pourquoi il a été muté ? Le mieux est de le lui demander directement. »

objectif de ce chapitre

L'objectif de ce chapitre est de montrer qu'il est important d'expliquer le pourquoi et de vous aider à le faire.

votre expérience

Vous-même savez-vous toujours à quoi sert le travail que l'on vous fait faire ?

Quel effet cela fait-il d'ignorer tel ou tel détail important ?

Vos collaborateurs, sont-ils bien informés des raisons pour lesquelles ils doivent accomplir telle ou telle opération ?

Qu'est-ce qui vous a permis de donner cette réponse ?

entraînement

Nous vous proposons l'entraînement suivant :

Inscrivez dans la première colonne trois ou quatre exemples d'instructions les plus courantes que vous êtes amené à donner dans le cadre du travail.

Dans la deuxième colonne, en face de chaque instruction mettez le pourquoi de l'instruction (pourquoi est-ce utile, urgent, important, pourquoi telle personne).

Dans la troisième colonne, mettez une croix à chaque fois que vous aurez donné ce type d'instruction en l'accompagnant d'explications sur les raisons.

Exercez-vous à l'aide de ce tableau pendant quinze jours.

EXEMPLE D'INSTRUCTION	EXPLICATION DU POURQUOI DE L'INSTRUCTION	INSTRUCTION PLUS EXPLICATION DU POURQUOI

que dire du cas FRANÇOIS/BERNARD ?

BERNARD reçoit mal les instructions que FRANÇOIS lui donne. On peut penser qu'il les recevrait mieux s'il avait plus d'informations sur les raisons qui sont à l'origine de cette décision. Son chef lui dit qu'il faut remplacer ROGER puisqu'il est malade mais il oublie d'indiquer pourquoi il est désigné pour le remplacer et pourquoi ce travail est important. Ce manque d'information laisse la place à une fausse interprétation : « On le fait exprès pour me serrer la vis. »

note sur l'évolution de l'éducation des enfants

Revenons sur cette évolution car cela permet de mieux comprendre l'attitude des jeunes dans l'entreprise.
Les jeunes ne sont plus ce qu'étaient leurs parents vingt ans plus tôt.
Le jeune salarié met au centre de ses préoccupations ses relations avec les gens ; être compris, accepté par autrui a plus d'importance que l'intérêt du travail lui-même. Des rapports hiérarchiques distants sont perçus comme un obstacle aux relations.

Par ailleurs donner des explications est plus indispensable maintenant que jadis. En effet, l'école a changé. La relation entre professeurs et élèves n'est plus la même. Les élèves sont amenés à interpeller leurs enseignants, un dialogue tente de s'instaurer, des discussions collectives s'établissent pendant les cours.

La famille a également connu un changement important. Les parents travaillent souvent chacun de leur côté, chaque membre de la famille devient plus autonome, il en est de même pour l'enfant qui fait lui-même des choix de dépense.

Le père est descendu de son piédestal. Les ordres et les directives paternels ont fait place à des discussions de type collectif. Chacun dans la famille participe à ce nouveau dialogue et doit accepter des compromis. Pour diriger l'enfant, les parents utilisent de moins en moins la contrainte et de plus en plus le raisonnement.

Il ne faut pas s'étonner si, quand ils arrivent dans l'entreprise, les jeunes veulent comprendre, veulent donner leur point de vue... Cela peut au contraire rendre très riche le milieu de travail.

Il ne serait pas inutile de dresser un tableau analogue à celui présenté à la page 6 et ayant trait à vos enfants. Quels sont les ordres qui réglementent la vie de famille : la télévision, le coucher, les sorties... Quelles sont les vraies raisons de ces règles ? Vos propres sentiments et la nécessité d'une vie collective qu'il ne faut pas avoir peur d'évoquer.

« Tu rentreras à 9 heures car je ne veux pas servir deux dîners, je ne suis pas un restaurant. » Cela vaut mieux que de dire « c'est bon pour ton estomac » et cela vous permettra de faire parfois des entorses aux règles quand vous vous sentirez en forme. « Oui, cette fois, viens à 11 heures, je t'attendrai. »

Les personnes intéressées par l'éducation des enfants pourront lire : T. GORDON "parents efficaces", 1977, éd. du Jour.

VOILA DU TRAVAIL BIEN FAIT !

CHAPITRE

7

objectif

A l'issue de ce chapitre, vous aurez une vision plus précise de la façon dont vous vous comportez pour évaluer le travail de vos collaborateurs et vous saurez dans quel sens infléchir votre façon d'agir.

votre expérience

Il est déjà arrivé que votre responsable porte des appréciations sur votre travail. Comment cela se passe-t-il généralement ? Comment aimeriez-vous qu'il procède ?

. . . .

. . . .

. . . .

. . . .

. . . .

. . . .

. . . .

. . . .

. . . .

Et vous-même lorsque vous appréciez le travail d'un collaborateur, comment faites-vous ? Quel effet produisez-vous ? Avez-vous des échos sur votre manière de faire ?

. . . .

. . . .

. . . .

. . . .

. . . .

. . . .

. . . .

. . . .

exercice

Afin de bien se représenter comment se fait l'évaluation du travail dans votre établissement, nous vous proposons de remplir le questionnaire suivant **pour vous-même**, en mettant dans la colonne A la réponse "oui" ou bien "non" ou encore "?" (pour l'instant ne vous occupez pas de la colonne B).

		A votre réponse	B
1	On ne me dit jamais rien sur le travail que je fais bien. 		
2	Il y a des jours où mon responsable est compréhensif et admet les erreurs et des jours où il ne tolère pas la plus petite bévue. 		
3	Quand quelque chose a échoué, mon supérieur a l'habitude d'examiner avec celui qui est en cause d'où a pu venir l'erreur. 		
4	Je trouve que mon responsable me contrôle de trop près. 		
5	Mon responsable m'aide à comprendre mes points forts et à tirer profit de mes erreurs. 		
6	Je peux me rendre compte du résultat final de mon travail. 		
7	Mon responsable me dit souvent ce qu'il pense de mon travail. 		
8	Le travail est bien réparti en fonction des compétences de chacun. 		
9	Je suis satisfait de la façon dont mon travail est évalué. 		

Maintenant reprenez
ce questionnaire et essayez
de le remplir (colonne B)
en imaginant les réponses
que feraient vos collaborateurs
si on leur posait
les mêmes questions.

Vous avez peut-être mis
plusieurs points d'interrogation
dans la colonne B,
cela veut dire
que vous ne savez pas bien
ce que vos collaborateurs
pensent de votre façon
d'évaluer le travail.
Si vous voulez le savoir,
le mieux est de le leur demander.

Si vous avez répondu
deux fois NON à la question 9
nous vous proposons d'une part
d'en parler à votre collaborateur,
d'autre part de recenser
ce que vous pourriez faire
pour améliorer votre façon d'évaluer.

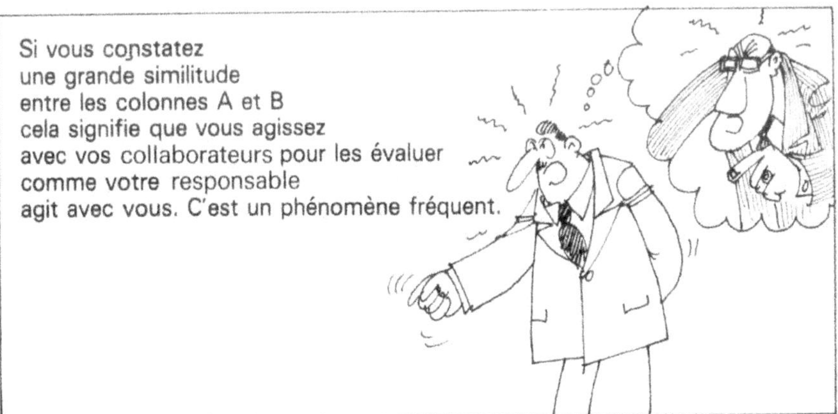

Si vous constatez
une grande similitude
entre les colonnes A et B
cela signifie que vous agissez
avec vos collaborateurs pour les évaluer
comme votre responsable
agit avec vous. C'est un phénomène fréquent.

principe

> *Quelqu'un a tendance à reproduire envers ses collaborateurs les comportements que son propre responsable a avec lui-même.*

Bien entendu c'est bénéfique si le modèle de départ est bon. Dans les autres cas il ne faut pas hésiter à innover.

exercice

Quand on contrôle le travail, que faut-il évaluer ?

Voici trois façons de faire. Vous reconnaissez-vous dans certaines d'entre elles ? Entourez le ou les paragraphes qui correspondent à votre comportement habituel.

---

méthode 1

Je n'aime pas contrôler, je m'occupe le moins possible d'évaluer le travail de mes subordonnés, je n'interviens que lorsqu'il y a des erreurs graves.

. . . .
. . . .
. . . .
. . . .
. . . .
. . . .

---

méthode 2

Je contrôle les erreurs bien sûr, mais aussi le manque de compétence, les fraudes, le laisser-aller, la paresse, le mauvais esprit.

. . . .
. . . .
. . . .
. . . .
. . . .
. . . .

---

méthode 3

Dans mes appréciations, j'essaie de mesurer la réussite, la conscience professionnelle, la bonne volonté, le savoir-faire, l'énergie, l'esprit d'équipe.

. . . .
. . . .
. . . .
. . . .
. . . .
. . . .

vous avez choisi la méthode 2

Il y a des situations qui nécessitent
une telle méthode de contrôle.
Il faut parfois
avoir le courage d'agir ainsi.
Si chez vous
c'est devenu une habitude,
cela ne doit pas être très stimulant
pour votre équipe.
On peut même penser que cette méthode
pousse les gens
à avoir mauvais esprit,
à négliger les outils,
à commettre des erreurs.
Aimeriez-vous
VOUS avoir comme responsable ?

vous avez choisi la méthode 1

Vous ne voulez pas trop vous engager ;
vous choisissez cette méthode
car vous voyez les inconvénients
du style policier de la méthode 2.
Peut-être auriez-vous un peu tendance
à fuir vos responsabilités.
Pourquoi ne pas essayer la méthode 3.

vous avez choisi la méthode 3

On ne peut pas utiliser
cette méthode en permanence
mais si vous l'avez utilisée
vous avez pu constater
qu'elle permet d'animer
efficacement une équipe de travail.

principe

La façon d'évaluer le travail a une grande influence sur la qualité du travail et sur l'état d'esprit de celui qui le fait ; on valorise les individus et on est plus efficace en encourageant les aspects positifs plutôt qu'en critiquant systématiquement les points faibles de quelqu'un. Cela n'empêche pas de rester lucide sur les qualités et les défauts.

Si vous avez des reproches justifiés à faire dites-vous qu'ils sont mieux entendus si, quand l'occasion se présente, vous relevez spontanément ce qui est bien fait.

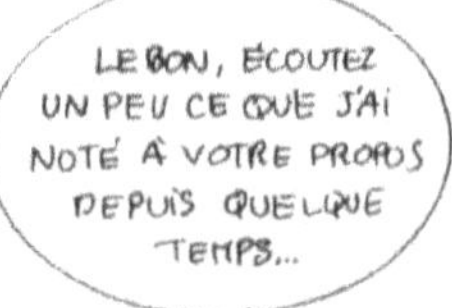

Il existe une caricature de cette attitude. C'est celle qui pousse à faire un compliment juste avant de donner un blâme. C'est comme si on donnait du sucre pour faire passer une potion amère. **Ceci est très mal ressenti** par le collaborateur qui a le sentiment fondé qu'on se moque de lui.

D'une façon générale, il vaut mieux dire ce que l'on a à dire immédiatement et ne rien laisser s'accumuler.

entraînement

Si vous voulez bien vous entraîner à porter des appréciations positives sur le travail de vos collaborateurs, nous vous proposons la démarche suivante :

Écrivez ci-dessous les noms des personnes qui sont directement sous vos ordres.

En face de chaque nom, mentionnez un ou plusieurs aspects postitifs de leur façon de travailler.

Dans la colonne de droite, mettez une croix à chaque fois que vous communiquez à l'intéressé une appréciation positive.

NOM	APPRÉCIATIONS POSITIVES	COMMUNICATION D'APPRÉCIATIONS POSITIVES

A propos d'évaluation, que pensez-vous du travail que vous faites avec ce manuel ?

Donnez-vous une note de 1 à 6 pour apprécier le sérieux de votre effort de formation.

Après ce regard lucide posé sur votre propre activité, donnez-vous quelques minutes pour réfléchir à la façon dont vous pourriez encourager l'auto-évaluation chez vos collaborateurs.

JE POURRAIS :

1 ....

2 ....

4 ....

DUJARDIN N'AIME PAS LES ORDRES

CHAPITRE

8

objectif

Le but de ce chapitre est d'étudier comment donner des instructions de façon efficace.

votre expérience

Avez-vous vu des situations où des instructions données étaient mal exécutées ? Évoquez les brièvement.

. . . .

. . . .

. . . .

. . . .

. . . .

. . . .

Vous-même, vous est-il arrivé de donner des directives sans obtenir le résultat souhaité ? Évoquez une de ces situations.

. . . .

. . . .

. . . .

. . . .

. . . .

. . . .

Donnez-vous quelques minutes pour penser à un cas précis et inscrivez ci-dessous la ou les causes du problème rencontré.

1 . . . .

. . . .

2 . . . .

. . . .

. . . .

. . . .

. . . .

. . . .

exercice

Quelle serait la méthode à suivre pour donner des instructions de façon efficace ? En vous appuyant sur votre expérience, nous vous demandons d'imaginer une méthode en sept points.
A titre d'exemple, nous vous proposons deux premiers points : ces points ne sont pas nécessairement des choses à faire en ordre chronologique ; ce sont sept conseils.

1 Dire à la personne concernée ce qu'il faut faire

2 Donner des précisions sur la façon de faire, qui, quand où et combien ...

3

4

5

6

7

remarque

Sans vouloir donner des instructions au lecteur, nous lui suggérons de faire l'exercice ci-dessus avant de lire la suite.

principes

Vous avez trouvé un certain nombre de points-clés à respecter ; nous vous présentons la démarche suivante qui vous permettra de compléter votre méthode.

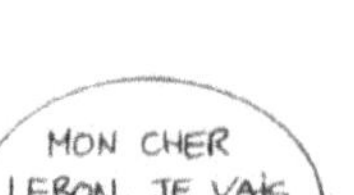

1. *Dire à la personne concernée ce qu'il faut faire ;*
2. *Donner des précisions sur la façon de le faire, qui, quand, où combien...*
3. *Laisser autant que possible une certaine marge de manœuvre à l'intéressé ; lui laisser faire ce qu'il sait faire à sa manière, qui n'est pas forcément la vôtre.*
4. *Expliquer le pourquoi des instructions.*
5. *Faire répéter les instructions complexes pour s'assurer que l'on est bien compris.*
6. *Communiquer les critères de jugement de qualité, afin que la personne puisse elle-même apprécier le résultat de son travail.*
7. *Être à la disposition de la personne pour l'aider en cas de besoin.*

BIEN ENTENDU, CETTE DÉMARCHE N'EST PAS NÉCESSAIRE LORSQUE L'ON DONNE DES DIRECTIVES DE ROUTINE.

Sur ces sept points, quels sont ceux que vous maîtrisez bien ?

Inscrivez ci-dessous les points que vous souhaitez perfectionner :

Essayez de penser aux ordres que vous avez eu à donner au cours des quinze derniers jours. Examinez comment vous avez fait. Ecrivez ce que vous auriez pu faire à l'aide du tableau ci-dessous.

CE QUE J'AI FAIT	CE QUE J'AURAIS PU FAIRE

Quels ordres pensez-vous avoir à donner dans la semaine qui vient ? Indiquez de quelle façon vous allez agir.

remarque

Bon, direz-vous, en suivant cette méthode pour donner des instructions, on tient la démarche idéale pour se faire obéir !

Ce n'est pas aussi simple...

Par exemple, il peut arriver que M. LENOIR donne des instructions selon cette méthode à M. DUJARDIN et qu'il ne soit pas obéi. Pour quelle raison ?

1er cas : DUJARDIN, ce jour-là, n'a pas envie d'obéir à un ordre qui est désagréable à exécuter.

2e cas : DUJARDIN, d'une façon générale, n'aime pas recevoir des ordres.

Dans les deux cas, soit DUJARDIN n'obéit pas, soit il obéit mal, c'est-à-dire juste assez pour ne pas être en faute.

La question que l'on pourrait se poser est la suivante : dans quel climat de travail DUJARDIN serait-il susceptible d'obéir effectivement aux instructions qu'on lui donne.

Il n'y a pas de réponse facile ni de recette miracle mais nous pouvons réfléchir à ce problème après avoir consulté l'intéressé sur ses aspirations.

Connaissez-vous des responsables auxquels les subordonnés obéissent VOLONTIERS, sans éprouver un sentiment de contrainte ?

. . . .

. . . .

. . . .

Pour quelles raisons ? Essayez d'en noter quelques-unes ci-dessous :

. . . .

. . . .

. . . .

. . . .

En ce qui nous concerne, nous avons observé que les responsables auxquels on obéit volontiers ont souvent la caractéristique suivante :

principe

Les responsables auxquels on obéit volontiers sont ceux qui, par leur attitude, montrent qu'ils ont de la considération pour leurs collaborateurs.

Comment voit-on qu'ils ont de la considération pour leurs collaborateurs ?

1. Ils s'engagent personnellement et complètement dans l'action qu'ils réalisent avec leur équipe.
2. Ils sont attentifs aux difficultés que leurs collaborateurs rencontrent.
3. Ils prennent l'avis des personnes concernées avant de prendre certaines décisions.

EN QUELQUES MOTS

CHAPITRE

9

votre expérience

Connaissez-vous des gens qui ne savent pas être brefs quand ils parlent ?

A votre avis pour quelles raisons peut-on être amené à parler trop ?

Vous-même, dans quel cas êtes vous amené à parler beaucoup ? Lorsque vous parlez avec vos collaborateurs ? Lorsque vous parlez avec votre responsable ? A quoi cela est-il dû ?

principes

Plusieurs raisons peuvent pousser quelqu'un à parler beaucoup : souci de se mettre en avant, peur des silences...

Une raison fréquente est la suivante : on n'a pas les idées claires, on distingue mal l'essentiel de ce qui est moins important et l'interlocuteur se trouve noyé dans un flot de paroles sans pouvoir s'exprimer.

En fait, une personne qui est capable de bien parler sait être brève.

1. *MIEUX VAUT EN DIRE MOINS QUE PLUS et s'interrompre pour laisser l'interlocuteur poser des questions. Il faut savoir finir et éviter de se répéter.*
2. *Il est utile de savoir FAIRE RESSORTIR LES INFORMATIONS IMPORTANTES. Mettre par écrit, en quelques mots, l'essentiel de ce que l'on veut dire aide à mettre de l'ordre dans ses idées et constitue un excellent entraînement.*

attention

Il ne faut pas pour autant oublier les recommandations des chapitres 2, 3 et 5.

- être clair et précis
- trouver les mots adaptés à l'interlocuteur
- s'assurer que l'on vous comprend.

objectif

Nous vous proposons dans ce chapitre de vous exercer à exprimer en quelques mots l'essentiel de ce que vous avez à communiquer.

entraînement

Essayez de décrire votre fonction dans l'entreprise en utilisant **80** mots au maximum

Présentez l'activité de l'établissement dans lequel vous travaillez à l'aide de **50** mots au maximum

Pouvez-vous à l'aide de **30** mots seulement indiquer dans quel sens, selon vous, devrait évoluer la fonction que vous exercez ?

Voici maintenant un autre exercice. Le texte présenté ci-après est un article de journal. Il a été rédigé par un journaliste qui n'était pas sur place au moment de l'événement ; il l'a écrit en brodant un peu à partir d'un télégramme de l'agence FRANCE-PRESSE.

Votre travail consiste à rechercher dans cet article quelles sont les véritables informations. Imaginez le télégramme très bref qui a permis de rédiger cet article.

« PINCES SANS RIRE »

BRINDISI - Sans rire des artificiers italiens ont passé hier de longues minutes à plat ventre. Ils attendaient l'explosion d'une paire de homards contenus dans un paquet anonyme adressé à un juge de Cagliari, M. Mario FLOTIS. Bien sûr, les artificiers ne savaient pas ce que contenait le colis. Et quand sa famille a découvert devant sa porte un paquet qui faisait « tic-tac », elle a prévenu la police. Celle-ci a transporté le colis dans un terrain vague, les artificiers sont venus et se sont allongés. Après de longues minutes d'angoisse, ils ont ouvert le paquet. Et découvert, non pas une bombe, mais les deux crustacés. C'étaient les homards qui faisaient « tic-tac » avec leurs pinces.

Texte du télégramme :

Le travail
que vous venez de réaliser
est formateur
mais si vous voulez
faire des progrès
significatifs,
il est souhaitable
de poursuivre systématiquement
votre effort.
Vous pouvez procéder ainsi :
quand vous aurez
quelque chose d'important
à dire à un collaborateur
à un responsable, à un groupe...
habituez-vous à écrire
sur une feuille
en moins de 50 mots
l'essentiel de ce que
vous avez à communiquer.

Vous avez déjà étudié neuf chapitres de ce manuel. Voici une bonne occasion de faire un exercice de synthèse.
Dans les différents chapitres quelques PRINCIPES simples sont mis en évidence. Nous vous demandons d'essayer de retrouver de mémoire quels sont ces principes et d'écrire en quelques mots pour chaque chapitre l'essentiel de ces conseils.

exercice de synthèse

COMMUNIQUER — chapitre 1
(le schéma)

. . . .

DE QUOI S'AGIT-IL ? — chapitre 2
(comment être clair et précis ?)

. . . .

VOYEZ-VOUS CE QUE JE VEUX DIRE — chapitre 3
(comment parler avec les mêmes mots ?)

. . . .

IL N'Y A PLUS DE CONSCIENCE PROFESSIONNELLE — chapitre 4
(distinguer les faits, les opinions, les sentiments)

. . . .

chapitre 5 **M'AVEZ-VOUS BIEN COMPRIS ?**
(comment s'assurer que l'on vous écoute ?)

. . . .

chapitre 6 **POURQUOI TOUJOURS MOI ?**
(pourquoi expliquer le pourquoi ?)

. . . .

chapitre 7 **VOILA DU TRAVAIL BIEN FAIT**
(l'évaluation du travail)

. . . .

chapitre 8 **DUJARDIN N'AIME PAS LES ORDRES**
(savoir donner une instruction de façon efficace)

. . . .

chapitre 9 **EN QUELQUES MOTS**
(s'entraîner à être bref)

. . . .

Après avoir fait cet exercice, reportez-vous au paragraphe PRINCIPE de chaque chapitre et complétez vos réponses. Cette page pourra vous servir d'aide-mémoire.

UN PLAN DE PROGRÈS

CHAPITRE

9 BIS

Les chapitres qui précèdent ont été l'occasion de repérer des situations de progrès. Arrivé à ce point, nous vous proposons de formaliser un plan de progrès personnel. Vous pouvez aussi attendre d'avoir étudié l'ensemble de cet ouvrage et définir un plan de progrès à l'issue des 18 chapitres en reprenant la démarche présentée ici.

pour construire un plan de progrès

Par plan de progrès, nous entendons un plan de développement personnel pour renforcer certaines compétences en communication.

Ce plan de développement personnel prend appui sur votre vision de vos propres points forts et points faibles en communication. Cette vision des point forts et faibles est plus fondée si elle rejoint la perception de votre entourage, si elle rejoint des remarques qui ont pu être faites par des proches qui vous connaissent bien : « Il semble que tu n'es pas très à l'aise pour prendre la parole devant un groupe », « Ta façon de présenter tes projets gagnerait à être plus structurée »...

Construisez autant sur vos forces que sur les points faibles à renforcer

Une réaction fréquente est de vouloir travailler en priorité sur les points faible à éliminer. Il est aussi important de travailler sur vos forces pour les utiliser au mieux que de développer vos points à améliorer.

Définissez de façon précise la compétence à développer

Le mieux est d'exprimer l'objectif de progrès en termes précis et observables :

- *Prendre la parole de façon plus structurée dans les réunions auxquelles je participe*
- *Exprimer des arguments en prenant appui sur des faits et non des opinions*
- *Reformuler ce qui est dit par un interlocuteur pour m'assurer que je l'ai bien compris*

Repérez les personnes impliquées

Les personnes impliquées sont celles qui sont concernées par votre plan de développement personnel, soit parce que vous êtes en relation avec elles, soit parce que vous pourriez entrer en relation avec elles à cette occasion. Pensez aux personnes avec lesquelles vous allez vous efforcer de communiquer autrement, de façon plus directe et plus efficace.

Trouvez-vous un « coach »

Le coach est la personne qui peut jouer un rôle d'accompagnement pour vous aider dans votre plan de progrès. C'est quelqu'un qui vous connaît bien et en qui vous avez confiance, un proche, un collègue, votre responsable hiérarchique, un collaborateur...
Son rôle peut être le suivant : il est le témoin de votre plan de progrès, vous lui en parlez et vous convenez de quelques rendez-vous pour faire le point ; il vous voit fonctionner, il peut vous donner une information en retour sur votre façon de communiquer ; il peut vous faire des suggestions ; il peut vous aider à comprendre une situation...

Décrivez votre plan d'action

Les actions à entreprendre décrivent les pratiques nouvelles que vous allez développer en précisant les situations, les occasions de mise en oeuvre : telle réunion hebdomadaire, les entretiens mensuels avec Durand, les rencontres avec telle catégorie de client, les échanges avec mon fils... Certaines situations sont planifiables, d'autres non. Se donner une échéance : *dans 4 mois, je fais le point pour repérer s'il y a progression...*

Pour que ce plan soit motivant pour vous, mettez-le au service d'un projet qui est important et que vous voulez réussir.

Plan de progrès personnel

Pour la mise au point de ce plan de progrès, se reporter page 71

Compétences à développer	Personnes impliquées	Coach en mesure d'apporter un soutien	Actions à entreprendre

A PROPOS DE TOURNANT

CHAPITRE

10

Vous vous souvenez du schéma de la communication présentée au chapitre 1.

Dans les 9 premiers chapitres, nous avons étudié ce qu'il fallait faire pour être un bon émetteur. Dans les 4 chapitres suivants, nous vous proposons de vous entraîner à réagir de façon efficace lorsque vous êtes le récepteur et qu'une autre personne prend l'initiative de communiquer.

objectif

Que faire lorsque l'on est entraîné dans une conversation peu cohérente, qui manque de fil conducteur ?

Ce chapitre vous aidera à repérer ce genre de conversation ; il vous aidera à trouver les phrases qu'il faut pour établir un véritable échange sur le sujet abordé.

votre expérience

Vous est-il déjà arrivé de parler avec quelqu'un et d'avoir l'impression que le courant ne passe pas, qu'il est à côté du sujet ou qu'il ne tient pas compte de ce que vous lui dites ? Essayez de vous souvenir d'une de ces situations. A votre avis, à quoi était due cette difficulté à communiquer ? Essayez de trouver les causes possibles de cette mauvaise communication.

1 ....

....

....

....

....

....

2 . . . .

. . . .

3 . . . .

. . . .

4 . . . .

. . . .

Les causes que vous venez de trouver comprennent peut-être celles-ci :

- votre interlocuteur ne disait pas réellement le fond de sa pensée
- vous parliez ensemble, mais vous ne parliez pas de la même chose
- votre interlocuteur vous répondait sans tenir compte de ce que vous aviez dit, parce qu'il n'avait pas bien écouté.

Vous-même, vous avez, sans doute, parfois été à l'origine d'une mauvaise communication.

Essayons de voir comment il est possible de réagir.

exercice

Voici une caricature de dialogue :

. . .

Dans ce mauvais dialogue que voyez-vous de commun entre une réplique et celle qui la précède ? par exemple entre les répliques 3 et 4 :

Vous sentez bien le ridicule de la situation. Entre deux répliques il n'y a généralement qu'un mot de commun. Un interlocuteur écoute à peine ce que l'autre dit pour enchaîner la conversation sur ce qui l'intéresse, lui. Chacun ne s'intéresse pas réellement à ce que l'autre veut dire.

Vous vous demandez comment y remédier. Nous vous proposons l'exercice suivant : reprenez les répliques du dialogue précédent et essayez d'imaginer des réponses qui permettent à chaque fois de continuer la conversation sur le sujet.

A partir du 30 juin, nous aurons une charge de travail importante dans l'atelier

A propos du 30 juin, c'est à cette date que j'aurai ma nouvelle voiture

Mon vieux, en ce qui me concerne, les ennuis cela me connaît, mon fils n'est pas admis en classe de seconde, il veut abandonner ses études, c'est un mauvais tournant

Une nouvelle voiture ? C'est bien ça, tu as de la chance ; à propos de voiture, je n'ai que des ennuis avec la mienne

principe

Vous avez inscrit un certain nombre de réponses.

Nous vous suggérons deux méthodes facilitant un véritable échange sur le sujet abordé.

1

POSER DES QUESTIONS.

2

REFORMULER ce que l'interlocuteur vient de dire et lui montrer ainsi qu'il est bien compris.

Nous pouvons retenir l'idée suivante :

> *Questionner quelqu'un, et reformuler l'essentiel de ce qu'il vient de dire, sont deux façons de maintenir une bonne communication dans le dialogue.*

ATTENTION Quand on reprend ce que quelqu'un veut dire, il faut faire attention à ne pas ajouter d'idée nouvelle. Il faut se contenter de reformuler ce qui a été exprimé.

entraînement

Voici quelques phrases. Nous vous proposons de vous exercer à trouver des répliques facilitant la continuation du dialogue par exemple avec des reformulations et des questions.

« Cela ne va pas : on vous demande un travail urgent, vous vous « décarcassez », vous le terminez, et trois jours plus tard, on n'est pas venu le chercher »

. . . .

. . . .

. . . .

« Il y a vraiment de l'abus, il y a des services où on ne fait pas grand chose, tandis que nous à l'atelier... »

. . . .

. . . .

. . . .

« A partir du 30 juin, on aura une charge de travail importante ; cela risque de poser des problèmes »

. . . .

. . . .

. . . .

Vous pouvez continuer cet entraînement aujourd'hui ou demain lorsque vous entendrez quelqu'un faire une remarque ou une réflexion.

NE PENSEZ-VOUS PAS QUE...

CHAPITRE

11

objectif

Quand on dialogue avec quelqu'un et que l'on veut mieux le comprendre, il est utile de lui poser des questions. Certaines questions sont bien reçues et facilitent la communication. D'autres, au contraire, bloquent les échanges.
L'objectif de ce chapitre est de vous entraîner à distinguer les différentes sortes de questions et à formuler de bonnes questions.

votre réaction

Imaginons les situations suivantes :
ÉTIENNE déclare à ROGER qu'il n'est plus possible de travailler avec BERNARD. Si vous étiez à la place de ROGER, quelles questions poseriez-vous afin d'en savoir plus ? Écrivez votre ou vos questions dans le rectangle.

exercice Examinons maintenant quelques dialogues dans lesquels différentes sortes de questions sont utilisées.

1.2

3.4

Vous vous souvenez que l'on a distingué au chapitre 4 les FAITS, les OPINIONS, les SENTIMENTS. De la même façon, on peut distinguer :

LES QUESTIONS SUR LES FAITS

LES QUESTIONS SUR LES OPINIONS

LES QUESTIONS SUR LES SENTIMENTS

Nous pouvons ajouter une quatrième catégorie

LES QUESTIONS SUR LES INTENTIONS D'ACTION

A votre avis dans les quatre dialogues ci-contre les questions posées appartiennent à quelle catégorie ?

dialogue 1 ....

dialogue 2 ....

dialogue 3 ....

dialogue 4 ....

Dans ces dialogues, quels sont les effets produits sur l'interlocuteur par les différentes questions ?

....

....

....

....

....

De toutes ces questions, quelles sont celles qu'il faut éviter ?

....

....

....

....

....

Des réponses sont à la page 81.

principes

De l'exercice précédent, nous pouvons retenir les idées suivantes :

1. *Les questions sur les opinions ne permettent pas vraiment de faire progresser un dialogue.*
2. *Il est préférable de commencer par des questions sur les FAITS, les mots qui facilitent ce genre de questions sont qui, où, quand, comment, combien...*
3. *Après les faits, il est bon de sonder par des questions quels sont les SENTIMENTS de l'interlocuteur. Les faits en général n'ont de sens que par rapport aux sentiments avec lesquels ils sont associés.*
4. *Avant de donner sa propre solution, il est bon de sonder l'interlocuteur sur ses INTENTIONS D'ACTION, ce qu'il essaye de faire, ce qu'il compte faire.*

réponses proposées pour l'exercice

dialogue 1

« Ah bon, que penses-tu de lui... ? » est une **question sur les opinions**. Elle entraîne une réponse qui est une opinion.
Nous avons vu que ce n'est pas la meilleure façon de communiquer car chacun s'accroche à ses opinions. Il est préférable d'éviter les questions sur les opinions.

dialogue 2

« Dis-tu cela parce-que tu as peur... ? » C'est une **question sur les sentiments** qu'Étienne éprouve en ce moment, cela lui permet d'exprimer ce qu'il a sur le cœur. C'est utile avant de progresser dans le dialogue, pourvu qu'on exprime un choix entre deux sentiments possibles. Ne questionner que sur un sentiment risque d'entraîner une dénégation.

dialogue 3

« Qu'est-ce qu'il a fait de particulier ? » C'est une **question sur les faits**. Ces questions permettent de mieux cerner la réalité et de faire un effort d'objectivité. Dans le cas présent le résultat est d'amener ÉTIENNE à une attitude plus calme.

dialogue 4

« Est-ce que tu suggères une mutation... ? » C'est une **question sur les intentions d'action.** Ces questions permettent de parler de ce que l'on veut faire ou de ce qu'il faudrait faire.

Les questions sur les intentions d'action font progresser vers une solution à condition d'avoir bien précisé au préalable quelle était la situation exacte à l'aide de questions sur les faits.

La question a avantage à présenter le choix entre deux possibilités dont l'une est ouverte. Exemple : « Est-ce que tu suggères une mutation ou as-tu d'autres solutions en tête ? »

attention aux fausses questions

Certaines questions sont de fausses questions car elles contiennent des éléments de réponse, elles cherchent à influencer la personne interrogée.

Voici quelques exemples :

Cette question est une interro-négative (ne crois-tu pas que), ROGER fait pression sur ÉTIENNE pour influencer sa réponse. Cela entraîne souvent une réponse « oui, mais » dans laquelle le mais est plus important que le oui.

Là encore, c'est une question manipulatrice ; les mots « vraiment », « toujours » font sentir quelle réponse on veut provoquer et l'interlocuteur s'exprime encore à l'aide d'un mais.

Il s'agit là d'une mauvaise question car elle contient un jugement. Et l'interlocuteur la ressentant comme telle, au lieu de s'ouvrir, manifeste son rejet.

Seules, les vraies questions permettent de créer un climat de confiance pour un dialogue constructif. Il est donc utile de s'entraîner à repérer les fausses questions pour les éviter au maximum.

entraînement

La publicité utilise souvent les fausses questions. Exemple :

Nous vous proposons l'entraînement suivant : dans les semaines à venir exercez-vous à repérer les fausses questions dans la publicité (affiches, journaux...) et inscrivez les ci-dessous.

SI J'AI BIEN COMPRIS

objectif

Si vous voulez être quelqu'un qui communique bien, il est important non seulement de bien parler mais aussi de savoir **bien écouter**. Nous vous proposons de vous y entraîner dans ce chapitre.

faites une expérience

Voici une expérience que vous pourriez faire avec un de vos amis.

1

Alors qu'il vous parle d'un sujet quelconque (une histoire, ses ennuis de voiture...) écoutez-le attentivement en le regardant dans les yeux. Essayez de partager ses sentiments. Pour cela, efforcez-vous de reproduire sur votre visage les sentiments que vous pouvez lire sur le sien ; s'il est content, souriez, s'il est triste, froncez le sourcil, etc., et montrez-lui que vous le comprenez.

2 Une autre fois faites l'expérience opposée. Alors que votre ami vous parle, prenez un air distrait, évitez son regard, jouez avec votre briquet... (même si votre ami est bavard, l'entretien risque de ne pas durer longtemps).

Par la suite, demandez à votre ami ses impressions.

...JE N'AURAIS JAMAIS CRU QUE CELA LUI FERAIT SI GROSSE IMPRESSION !

Après avoir expérimenté ces deux façons d'écouter, quel effet pensez-vous qu'elles produisent sur celui qui parle ?

Nous venons de réfléchir à ce qui se passe lorsque le récepteur du message écoute d'une certaine façon, mais sans prononcer de paroles. Cependant, assez souvent quand quelqu'un écoute une personne, il finit par lui répondre. On peut dire que la façon de répondre donne des indications sur la façon d'écouter.

principe

Voici un principe que nous vous avons proposé au chapitre 10.

> *Pour apprendre à bien écouter, le mieux est de s'exercer à reformuler ce que l'interlocuteur vient de dire. Vous lui montrez ainsi que votre but est de bien le comprendre et de l'aider à se faire comprendre.*

L'exemple suivant montre que la reformulation permet de bien clarifier ce que l'autre veut dire.

exercice

Lisez tout haut la déclaration que fait ÉTIENNE ci-dessous, et les différentes réponses que ROGER pourrait lui faire.

Voici les réponses possibles :
Dans ces 7 réponses quelles sont celles qui sont des reformulations montrant que ROGER a bien compris ?

1

2

3

corrigé

Les phrases deux et sept sont des reformulations ; les phrases quatre et cinq ressemblent à des reformulations mais contiennent en plus un début d'interprétation. « Tu souhaites qu'on le mette à la porte » par exemple est une idée ajoutée.

Vous venez de repérer quelles étaient les réponses-reformulations. Souvent, elles commencent par des mots tels que :

Exercez-vous à avoir des réponses de reformulation pour les phrases suivantes :

« Vous me demandez de refaire ce travail, je ne comprends vraiment pas pourquoi. Cela fait sept ans que je suis à ce poste et personne ne s'est jamais plaint. Il m'arrive sans doute de faire quelques erreurs, mais personne n'est parfait et je ne comprends pas ces reproches. »

« Mon fils se moque de moi, il a encore eu de très mauvaises notes en mathématiques. Lorsque je lui ai fait remarquer qu'il risquait de redoubler la classe en continuant ainsi, il m'a répondu d'une façon insolente « ce genre de conseil ne me sert à rien » ... J'ai l'intention de prendre des mesures... »

« Je suis ennuyé, le travail qu'on me propose ne me plaît pas ; je crois qu'il est au-dessus de mes forces. Je ferais peut-être bien de continuer de chercher ailleurs, il me faut quelque chose de sûr. »

entraînement

Après avoir lu ce chapitre, vous pouvez vous entraîner oralement de la façon suivante :

Trouvez un ami qui soit prêt à faire l'entraînement avec vous.

Cherchez chacun quelques sujets à débattre (la limitation de vitesse des automobiles, la peine de mort, l'intérêt des nationalisations...).

La discussion sur chaque sujet ne dure pas plus de six minutes. La seule règle à respecter est celle-ci : avant de parler, chaque participant doit d'abord résumer et reformuler avec ses propres mots ce que l'autre vient de dire.

Quand une reformulation est incorrecte, on peut interrompre celui qui la fait et s'expliquer sur ce qui a été mal entendu.

Juste après cet entraînement, posez-vous les questions suivantes :

- Avez-vous eu des difficultés à écouter votre partenaire pendant ce dialogue ? Pourquoi ?

....

....

....

....

....

- Avez-vous eu l'impression que vous arriviez à vous faire comprendre ?

....

....

....

....

....

Continuez par la suite ce genre d'entraînement. La reformulation est un des outils de communication les plus utiles de ce guide de travail. Encore faut-il perdre la vieille habitude d'interrompre quelqu'un pour le contrer.

remarque

En fait, dans un dialogue nous pouvons soit nous contenter de reformuler les **idées**, soit chercher à comprendre ce qui est **vécu** implicitement par l'interlocuteur.

ÉTIENNE
(avec un air désolé qui ne lui est pas coutumier)

ROGER
(reformulation d'idée)

Autre réponse possible incluant la formulation du sentiment que l'on perçoit chez l'interlocuteur.

La deuxième réponse montre mieux que la première que ROGER cherche à comprendre ÉTIENNE ; celui-ci va probablement répliquer :

MOI, A VOTRE PLACE

CHAPITRE

13

objectif

Nous avons vu ce qu'il fallait commencer par faire pour bien écouter et comprendre quelqu'un :

1. questionner
2. reformuler ce qui est exprimé

Quelquefois, nous écoutons mal parce que nous réagissons trop vite à ce qui est dit.

Dans ce chapitre, nous allons étudier ce qui se passe lorsque notre écoute est perturbée par une réaction mal contrôlée.

A la fin du chapitre, vous saurez distinguer quelle est votre façon d'écouter et quels sont les effets que cela produit sur l'interlocuteur.

votre première réaction

Voici trois cas. Dans chaque situation, l'un de vos amis vient vous dire quelque chose. Nous vous demandons d'inscrire en dessous ce que sera votre réponse, votre première réaction.

1er cas

— Cela ne va pas avec mes collègues ; je n'arrive pas à avoir de bonnes relations avec eux. Au début, j'ai fait des efforts. C'est très décevant ; il n'y a pas une bonne ambiance de travail, personne ne se parle.

Votre réponse (style parlé)

2e cas

Votre réponse

3e cas

Votre réponse

(Il est important, pour la suite du travail, de mettre vos trois réponses par écrit.)

Pour chacune de vos trois réponses, posez-vous la question suivante : quel effet ma réponse peut-elle avoir sur mon interlocuteur ; comment va-t-il être tenté de me répliquer à son tour ?

exercice 1

Dans cet exercice, vous allez essayer d'analyser les trois réponses que vous avez proposées. Quels genres de réponses peut-on avoir ? Prenons des exemples pour le troisième cas :

— Je viens de perdre mon emploi ; je m'étais fâché avec mon responsable qui était difficile à supporter. Actuellement, je cherche du travail sans succès et je commence à me décourager sérieusement.

Vous avez une réaction de soutien

C'est une réaction de soutien, d'encouragement. Quel effet produit-elle ?

Quelquefois, c'est utile. Souvent, cela n'a aucun effet. L'interlocuteur n'est pas encouragé, il réplique :

Vous avez une réaction de jugement

VOUS ÊTES TROP COLÉRIQUE, VOUS AVEZ TORT DE VOUS FÂCHER AINSI AVEC VOTRE CHEF, VOUS NE SAVEZ PAS VOUS CONTRÔLER!

C'est une réaction de jugement : c'est bien, c'est mal, c'est juste, c'est faux... On évalue, on fait la morale.

Quel est l'effet produit ?

Généralement, ce n'est pas convaincant. Si le jugement est négatif, on peut être tenté de le rejeter. Lorsqu'il est positif, on ne l'accepte pas toujours.

exemple

On n'accepte un jugement que si l'on est déjà convaincu au départ.

Votre réponse est une suggestion

C'est une réaction qui tend à proposer une solution au problème ; vous réagissez en poussant l'autre à agir, en proposant des remèdes.

Quel est l'effet produit ?

Cela peut être bénéfique si les idées correspondent bien à la situation. Parfois, l'interlocuteur rejette les suggestions : « j'ai déjà essayé », « cela ne marchera pas » ; parfois, il a tendance à trop faire confiance et ne plus chercher **lui-même** les solutions à son problème.

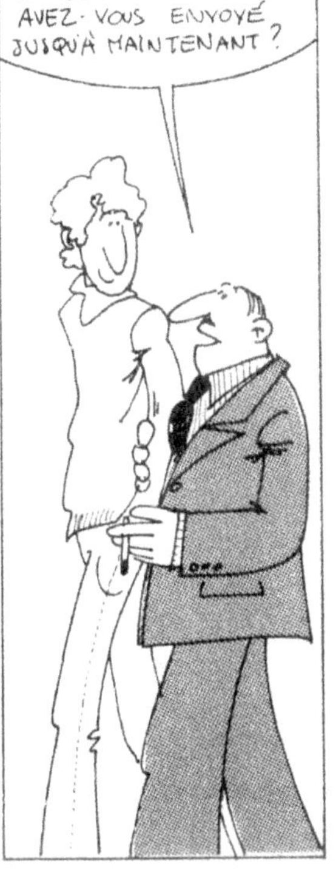

Votre réponse est une reformulation ou une question

C'est la réaction de celui qui cherche à bien comprendre. Nous avons vu dans les chapitres précédents que ces réponses favorisent la communication (à condition que les questions soient de vraies questions).

A l'aide des différents types de réponses que nous venons de vous proposer, nous vous demandons de caractériser les trois réponses que vous avez rédigées pour les trois cas présentés plus haut.

A quel genre de réponse ressemblent celles que vous avez faites ?

	CAS N° 1	CAS N° 2	CAS N° 3
Réponse de soutien			
Jugement			
Suggestion			
Question			
Reformulation			
Autre			

exercice 2

Voici un début de dialogue et dix réponses possibles.

Votre travail est le suivant : écrire en face de chaque réponse quel est le genre de réponse. Réutiliser pour cela les mêmes rubriques que dans l'exercice précédent, c'est-à-dire réponse de soutien, de jugement, de suggestion, question, reformulation...

1	M. LEBEC (question)	Vous croyez qu'avec la nouvelle charge de travail, vous allez pouvoir respecter les délais qui sont impératifs ?
2		C'est ennuyeux que vous soyez dans cet état d'esprit. Vous prenez un mauvais départ pour collaborer avec la personne que nous proposons.
3		Je propose que vous choisissiez vous-même la personne qui ferait ce travail avec vous.
4		Si je comprends bien, vous pensez qu'il n'est pas nécessaire de prévoir un autre collaborateur étant donné vos compétences et votre efficacité.
5		Tranquillisez-vous, je suis sûr que vous vous entendrez bien avec la personne en question ; avec le temps et l'habitude, tout finit par s'arranger.
6		Vous croyez peut-être que nous n'avons pas confiance dans votre efficacité ?
7		Préparez donc un rapport à ce sujet ; nous pourrons alors discuter sur un projet sérieux.
8		Vous avez tort de vous énerver ainsi. Vous êtes trop individualiste. On peut difficilement faire du travail en équipe avec vous.
9		Allons, ne vous inquiétez pas ; tout se passera bien avec ce nouveau collaborateur.
10		Vous devriez faire un effort pour être un peu plus coopératif.

principe

Lorsque l'on écoute quelqu'un, il est important d'être attentif à ses propres réactions, qui peuvent se classer de la façon suivante :

RÉPONSES POUR L'EXERCICE 2

1. question 2. jugement 3. suggestion 4. reformulation 5. soutien 6. question 7. suggestion 8. jugement 9. soutien 10. suggestion + jugement

entraînement

En travaillant sur ce chapitre, nous avons essayé de cerner quelle était notre façon de réagir en écoutant quelqu'un.

Afin de vous exercer à repérer quelles sont vos attitudes d'écoute habituelles, nous vous proposons l'entraînement suivant : à la fin de chaque semaine, efforcez-vous de vous souvenir d'un dialogue que vous avez eu avec une personne venue parler d'un problème (au travail, dans votre famille ou chez des amis).

Quelle a été votre façon de réagir ? Mettez dans le tableau ci-dessous une croix correspondant à votre attitude principale lors de cet entretien :

	JUGEMENT	SUGGESTION	SOUTIEN	REFORMULATION	QUESTION	AUTRE
premier entretien						
deuxième entretien						

Auriez-vous pu mieux le comprendre ?

Pensez-vous l'avoir influencé lors de ce dialogue ?

DUCHAMP SE DESINTERESSE

CHAPITRE

14

objectif

A l'issue de ce chapitre, vous saurez quels sont les différents facteurs qui entrent en jeu dans la motivation de l'homme au travail, et vous aurez une idée plus précise sur ce qui motive les personnes qui travaillent avec vous.

exercice

Nous vous proposons de réfléchir au cas suivant.

Étienne DUCHAMP était fraiseur à l'atelier des prototypes. Le service dans lequel il travaillait fonctionnait particulièrement bien. Lui-même a la réputation d'être à la fois habile et rapide. Malheureusement, une blessure à la main lui a interdit, il y a quelque temps, de continuer à travailler à ce poste. La direction l'a convoqué et lui a dit :

Au bout de deux mois, force est de constater que Duchamp se désintéresse.
Son travail est mauvais, il y a du retard, et un manque de rigueur.
Aux remarques qui lui sont faites, il oppose la force d'inertie.

Sur ces entrefaites, un poste au service Méthodes se trouve libéré par le départ en retraite de son titulaire. DUCHAMP postule ce poste et l'obtient.

Cela va peut-être marcher, se dit la Direction, puisqu'il est volontaire.
Hélas ! le résultat est le même.

Essayez d'imaginer pour quelles raisons DUCHAMP pouvait aimer son ancien métier ?

. . . .

. . . .

. . . .

. . . .

. . . .

. . . .

. . . .

Que peut-il avoir perdu dans son nouveau poste ?

. . . .

. . . .

. . . .

. . . .

. . . .

. . . .

Des éléments de réponse sont à la page 108

votre expérience

Donnez-vous quelques minutes pour réfléchir aux questions suivantes :

1

Recommanderiez-vous à un ami de demander un emploi dans votre société ?

2

Votre travail est-il intéressant ? Pourquoi ?

3

Quelles sont, d'après vous, les raisons qui peuvent motiver les hommes au travail ? Faites-en une liste.

4 Comment peut-on motiver le personnel dans une situation où les occasions de promotion sont rares ?

....

....

5 Comment expliquer que les entreprises les plus prospères et ayant accompli de nombreux progrès sociaux sont parmi celles qui rencontrent beaucoup de difficultés et où le personnel est peu motivé ?

....

....

....

....

Les réponses à ces questions ne sont pas simples ; nous vous invitons à en parler à des collègues de travail, cela pourra enrichir les idées que vous avez déjà trouvées.

Pour la question 3 (raisons qui motivent les hommes au travail) vous avez probablement mis en avant l'aspect financier. En effet, on entend parfois l'encadrement prononcer des phrases comme celles-ci :

« On ne peut rien faire pour les gars bien ! On n'encourage pas les gens à travailler. Avant, on pouvait augmenter un bon professionnel deux fois en un an mais ce n'est plus le cas. »

Il est certain que le salaire est un élément important de la motivation et il est souhaitable que l'encadrement ait un rôle dans ce domaine. Ceci dit, on ne doit pas négliger les autres facteurs (conditions de travail, ambiance de l'équipe, intérêt du travail lui-même, reconnaissance de la qualité du travail accompli...). Le cas DUCHAMP montre bien que le facteur financier n'est pas le seul à avoir de l'importance.

L'entraînement qui suit va nous permettre de revenir sur les facteurs qui influencent le comportement de l'homme au travail.
Nous vous proposons de vous glisser **dans la peau de vos collaborateurs** et d'essayer d'imaginer ce qu'ils répondraient aux questions suivantes :

entraînement

	OUI	NON	?	
Mon travail m'intéresse				 1
Dans mon travail j'ai l'impression de faire quelque chose d'utile				 2
Les conditions de travail sont satisfaisantes				 3
Mon supérieur hiérarchique me fait confiance pour la qualité du travail				 4
J'ai l'occasion d'utiliser mes compétences à mon poste				 5
J'ai une certaine liberté d'action pour organiser mon travail				 6
Il y a une bonne ambiance et nous formons une bonne équipe				 7

		OUI	NON	
8	Pour moi, la sécurité de l'emploi est assurée 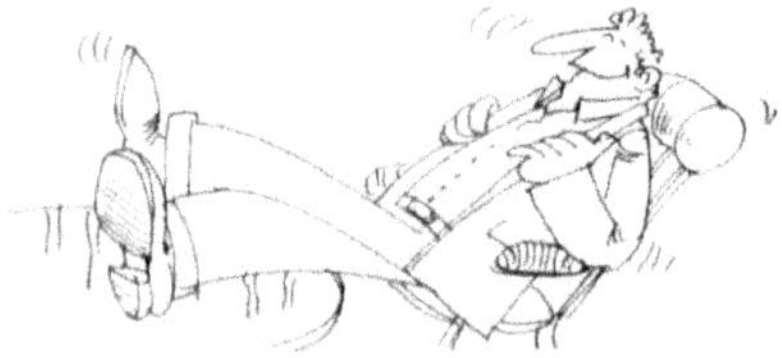			
9	Je suis plutôt fière d'appartenir à cette entreprise 			
10	J'ai confiance dans la compétence de mes responsables 			
11	On m'écoute si je fais des suggestions d'amélioration 			
12	Le montant de mon salaire est convenable 			
13	Quand le travail est bien fait, on nous le dit 			
14	Il existe des possibilités de promotion 			

Vous n'avez peut-être pas pu répondre à toutes les questions, par ailleurs les réponses peuvent être différentes selon les individus.

Une chose est certaine : il est utile de bien saisir les aspirations des personnes qui travaillent avec vous et ce qui est important pour elles.

Pour le savoir, le mieux est de dialoguer avec elles, sans pour autant être indiscret. C'est à cet effort de dialogue que nous vous invitons.

Les 14 affirmations présentées ci-dessus constituent un aide-mémoire des principaux besoins de l'homme au travail. Ces besoins peuvent être classés selon les rubriques suivantes :

remarque

BESOINS ÉLÉMENTAIRES DE SÉCURITÉ besoins alimentaires, protection physique stabilité d'emploi	
BESOIN D'APPARTENANCE être accueilli, adopté, aimé, être utile	
BESOIN DE CONSIDÉRATION être reconnu compétent	
BESOIN D'AUTONOMIE se différencier, être indépendant	
BESOIN DE SE RÉALISER créer, déployer toutes ses facultés	

Vous pouvez reprendre les 14 affirmations et inscrire leur numéro en face de la rubrique qui leur correspond.

principe

Nous pouvons retenir les idées suivantes :

- *Pour que les hommes soient satisfaits et motivés au travail, il faut prendre en compte l'***ensemble** *des facteurs qui ont de l'influence (se rapporter à la liste ci-dessus).*
- *Ce n'est pas en répondant à certains besoins des hommes que l'on peut leur faire oublier les autres ; par exemple, l'intérêt du travail ne fait pas oublier l'aspect financier, et à l'inverse un salaire élevé ne peut pas compenser le faible intérêt d'un travail.*

commentaires sur le cas Duchamp

Pourquoi DUCHAMP pouvait-il aimer son ancien métier ?

A partir de tôles,
il façonnait
quelque chose de beau.
Il avait le sentiment
de faire partie
d'une certaine « élite »
(son service fonctionnait
particulièrement bien)
et cela le stimulait.

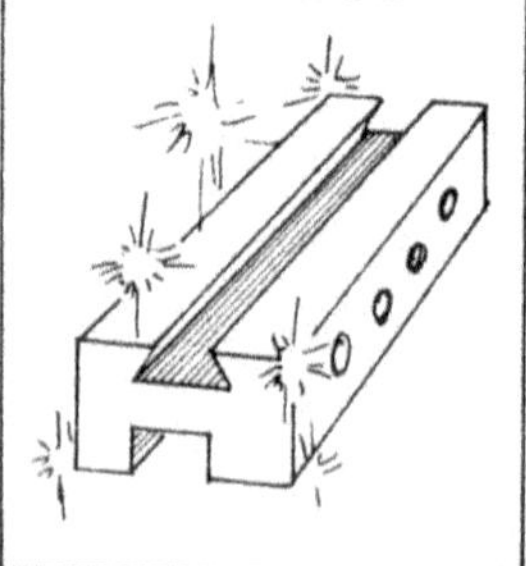

Ces besoins ne sont plus satisfaits.

Qu'a-t-il peut-être perdu dans son nouveau poste ?

Il a peut-être perdu
le contact avec une équipe
ou un groupe
où il était bien intégré.

TANT QUE LA NOUVELLE SITUATION NE COMBLERA PAS, AU MOINS PARTIELLEMENT, SES ASPIRATIONS, ou la principale d'entre elles, LE COMPORTEMENT DE DUCHAMP NE CHANGERA PAS, même si on le sanctionne.

Pour progresser vers une solution

Il s'agit de connaître les désirs
et les aspirations de DUCHAMP.
Qu'est-ce qui le motive ?
Mais attention,
il ne s'agit pas d'imaginer
ses motivations.
Il faut que DUCHAMP
les exprime lui-même
et les prenne en charge.

VOILÀ CE QUE J'AIMERAIS FAIRE...

MOI, JE TRANSMETS

CHAPITRE

15

objectif

Situé entre vos responsables et vos collaborateurs, vous avez souvent l'impression d'être entre l'enclume et le marteau. Nous vous proposons de réfléchir à ce rôle d'intermédiaire qui est le vôtre.

votre expérience

Voici des exemples de comportements ; correspondent-ils à votre façon d'agir ?

1

Quand je sens venir un problème, je prends l'initiative d'en parler à mon responsable et de lui proposer une solution

OUI	NON

2

Quand j'ai quelque chose
de désagréable ou de contrariant
à dire à un collaborateur
je préfère le faire moi-même
oralement, plutôt
que de le faire dire
par quelqu'un d'autre

OUI | NON

3

Toutes les questions
que je peux régler moi-même,
je m'en occupe ;
je n'en parle à mon responsable
que si elles ont de l'importance
pour la marche du service

OUI | NON

4

Lorsque je constate
qu'il existe un conflit,
je préfère
m'en occuper moi-même,
et essayer de le résoudre,
plutôt que de laisser
faire le temps

OUI | NON

5

Devant mon responsable
il m'arrive de défendre
avec fermeté
la demande faite
par un collaborateur

OUI | NON

Que pensez-vous du cas présenté ci-dessous ?

M. DUFOUR travaille depuis quelque temps dans l'atelier dirigé par M. LEJOINT. C'est un ouvrier compétent.

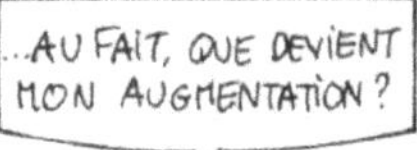

Quelques jours plus tard, LEJOINT transmet une lettre de démission de DUFOUR à MARTIN. Celui-ci se montre très surpris et contrarié par cet événement.

Que pensez-vous du comportement de LEJOINT ? A-t-il commis une négligence ou une erreur ?

Si vous aviez été à la place de LEJOINT, quel aurait été votre comportement ? Auriez-vous fait la même chose que lui ?

Sinon, indiquez ci-dessous ce que vous auriez dit :

à DUFOUR

à MARTIN

COMMENTAIRES SUR LE CAS LEJOINT

« Moi, je transmets »

Dans ce cas, LEJOINT s'est contenté de transmettre l'information dans les deux sens. Il n'a pas cherché à peser sur la décision de DUFOUR ou de MARTIN. Il s'est contenté de jouer le rôle du facteur. Qu'aurait-il pu faire ?

LEJOINT aurait pu s'engager **personnellement** dans les paroles qu'il prononçait après avoir préparé un dossier solide.

Mais si inversement, LEJOINT pense que DUFOUR est bien exigeant et que sa demande n'est pas justifiée, **il faut le lui dire** et lui en donner les raisons.

Dans tous les cas, un engagement personnel étayé par un dossier solide s'impose.

---

principe

Un responsable qui se trouve dans une position d'intermédiaire connaît une situation délicate puisqu'il représente son responsable auprès de ses collaborateurs, et inversement, il doit défendre les intérêts de son équipe face au responsable.

Un responsable ne doit pas transmettre de façon passive une information.
Il faut avoir le courage de ses propres idées face à ses collaborateurs comme face à ses responsables.

entraînement

Reprenons les 5 comportements présentés plus haut. Vous sentez que si vous avez répondu non plusieurs fois, votre attitude ressemble un peu à celle de LEJOINT. Ce n'est pas catastrophique. Les comportements positifs peuvent faire l'objet d'un entraînement systématique de votre part. Nous vous proposons de vous habituer, quand l'occasion se présente, à avoir ces comportements et de remplir la grille ci-dessous à chaque fois que vous manifestez un tel comportement.

Mettre une croix dans les cases à chaque fois que vous avez un de ces comportements :

1 *Quand je sens venir un problème, je prends l'initiative d'en parler à mon responsable et de lui proposer une solution*

2 *Quand j'ai quelque chose de désagréable ou de contrariant à dire à un collaborateur je préfère le faire moi-même oralement plutôt que de le faire dire par quelqu'un d'autre*

3 *Je m'occupe de toutes les questions que je peux régler moi-même ; je n'en parle à mon responsable que si elles ont de l'importance pour la marche du service ou si elles sont la manifestation de difficultés futures*

4 *Lorsque je constate qu'il existe un conflit, je préfère m'en occuper moi-même et essayer de le résoudre plutôt que de laisser faire le temps*

5 *Devant mon responsable il m'arrive de défendre avec fermeté la demande faite par un collaborateur*

Comportement 1											
Comportement 2											
Comportement 3											
Comportement 4											
Comportement 5											

remarque

Il arrive parfois que l'on se trouve dans une position délicate d'intermédiaire, c'est lorsque l'on reçoit des ordres contradictoires de deux personnes différentes. Cela se rencontre lorsqu'une organisation comporte des responsables hiérarchiques et des responsables fonctionnels.

Examinons le cas suivant :

M. PLUMIER (chef de l'approvisionnement)

M. DUVIF (responsable du magasin)

Vous imaginez la suite. Il semble même que LEJOINT ne se donne pas beaucoup de mal pour arranger les choses. A votre avis, qu'aurait pu faire LEJOINT pour éviter qu'un problème ne se pose ?

. . . .

. . . .

. . . .

. . . .

. . . .

. . . .

. . . .

. . . .

Si l'on reprend le schéma de la communication, le cas se présente ainsi :

LEJOINT reçoit des directives contradictoires et se trouve pris entre deux feux.

La seule façon d'éviter une telle situation consiste à faire fonctionner le schéma de la communication.

C'est-à-dire que LEJOINT doit communiquer de façon plus complète avec DUVIF, en particulier en expliquant **les raisons** pour lesquelles certaines consignes sont données ; par ailleurs, en parlant avec PLUMIER, LEJOINT doit l'informer par avance des réactions que sa décision pourrait provoquer chez DUVIF.

PRENDRE DES INITIATIVES

CHAPITRE

16

objectif

Dans ce chapitre, nous allons réfléchir ensemble aux initiatives que vous êtes apte à prendre et que vous ne prenez pas toujours.

votre expérience

Est-il déjà arrivé que votre responsable fasse un travail que vous-même auriez été capable de faire ? Dans quels cas ?

Pourquoi ?

Vous est-il arrivé d'effectuer un travail qu'un de vos collaborateurs aurait pu faire ?

Vous transmet-on toutes les informations qui vous seraient utiles pour assurer au mieux votre fonction ?

. . . .

Êtes-vous attentif à transmettre toutes les informations nécessaires à vos collaborateurs ?

. . . .

quelques questions

Seriez-vous en mesure de prendre plus d'initiatives dans votre travail que vous n'en prenez actuellement ?

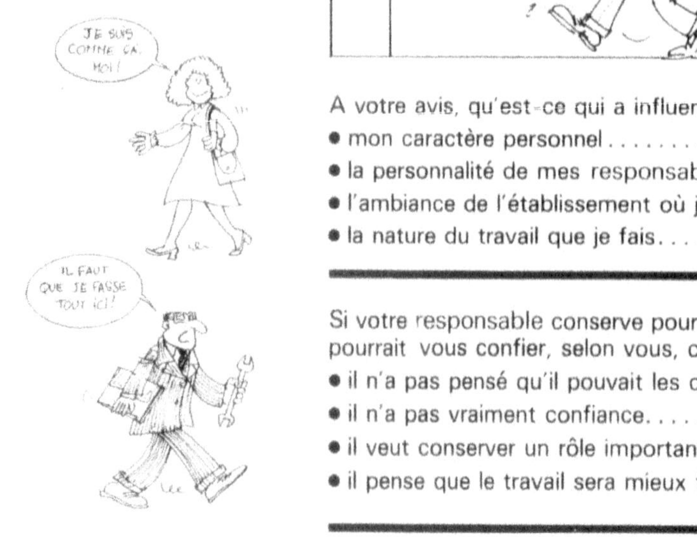

A votre avis, qu'est-ce qui a influencé votre réponse à la question précédente ?

- mon caractère personnel . . . . ☐
- la personnalité de mes responsables . . . . ☐
- l'ambiance de l'établissement où je travaille . . . . ☐
- la nature du travail que je fais. . . . . ☐

Si votre responsable conserve pour lui des informations ou des tâches qu'il pourrait vous confier, selon vous, c'est parce que :

- il n'a pas pensé qu'il pouvait les confier, il a ses habitudes . . . . ☐
- il n'a pas vraiment confiance. . . . . ☐
- il veut conserver un rôle important. . . . . ☐
- il pense que le travail sera mieux fait par lui . . . . ☐

Et vous-même vis-à-vis de vos collaborateurs, savez-vous pour quelles raisons vous conservez certaines informations et certaines tâches ?

. . . .

Si vous preniez plus d'initiatives, quelles seraient pour vous les conséquences probables ?

- cela me donnerait plus de travail
- cela rendrait mon travail plus intéressant
- cela me permettrait de faire le travail plus vite
- cela m'ouvrirait des perspectives de promotion

Y a-t-il dans votre comportement des façons de faire qui peuvent décourager les initiatives de vos collaborateurs ?

Au cas où vous souhaiteriez avoir plus de responsabilités dans votre travail, citez quelques exemples de tâches que votre responsable pourrait vous confier :

(Ces responsabilités peuvent concerner différents aspects : aspect technique du travail, aspect humain, réalisation du travail, préparation, contrôle a posteriori.)

Que pourriez-vous confier à vos collaborateurs ?

---

parmi les initiatives que vous pouvez prendre : l'information de vos collaborateurs

Vous allez peut-être dire vous-même que vous êtes mal informé. En effet il n'est pas rare d'entendre des phrases comme celles-ci :

Que proposez-vous de faire pour débloquer de telles situations ?

principes

C'est à vous de faire les premiers pas.

> *Lorsque vous avez besoin d'une information, c'est à vous de prendre **l'initiative** d'aller la chercher auprès de celui qui la détient, peut-être votre responsable. Vous êtes souvent le mieux placé pour savoir quelles sont les informations utiles pour vous-même et vos collaborateurs.*
>
> *De même, lorsque vous vous sentez en mesure de donner un avis, d'orienter une décision ou de prendre une nouvelle responsabilité, n'hésitez pas à prendre l'initiative de faire des propositions à votre supérieur.*

entraînement

Concrètement, que puis-je faire, vis-à-vis de mon responsable ?

1 . . . .

2 . . . .

3 . . . .

Vis-à-vis de mes collaborateurs ?

1 . . . .

2 . . . .

3 . . . .

JE VAIS LUI DIRE CE QUE JE PENSE

CHAPITRE

17

objectif

Il n'est pas toujours facile d'aborder certains problèmes avec son responsable, son collaborateur, les membres de sa famille, des voisins... Ce chapitre a pour but de vous y aider.

exercice

Imaginez la situation suivante :

Vous êtes locataire dans un immeuble particulièrement sonore et vous êtes excédé par votre voisin. Vous trouvez qu'il est **bruyant, sans gêne, peu soigneux.** En effet, il met une musique assourdissante jusqu'à minuit plusieurs fois par semaine ; ses enfants, toujours excités, chahutent dans la cour en criant à tue-tête ; son chien, tout aussi mal élevé, salit le tapis de palier qui n'est pas souvent nettoyé.

Imaginez maintenant que vous rencontrez ce voisin de palier. Vous vous efforcez de lui dire votre façon de penser.

Inscrivez ci-dessous les phrases que vous prononcez :

....

....

....

....

....

....

....

....

....

....

Voici une autre situation :

Vous êtes un « parent d'élève ». Votre fils Jean est en classe de 5e. Après en avoir parlé plusieurs fois avec votre fils, il vous apparaît que le professeur de géographie M. DUCHEMIN ne fait pas son travail convenablement. Il semble que le professeur n'arrive pas à intéresser et à tenir sa classe. Il règne continuellement un chahut important, qui ne peut que nuire à l'enseignement, ce qui d'ailleurs ne se produit pas dans d'autres classes.

Vous vous dites que M. FROISSEC, le Directeur de l'École n'est pas au courant de la situation, ou qu'il laisse faire de façon inadmissible.

Vous avez déjà eu l'occasion de rencontrer le Président de l'association des parents d'élèves M. LESAGE qui semble être un homme efficace.

Ne sachant plus que faire, M. DUCHEMIN menace d'exclure un ou deux élèves (votre fils se sent visé par cette mesure). Vous vous dites qu'il faut faire quelque chose.

En premier lieu, **QUI** allez-vous rencontrer et pour lui dire **QUOI** ? Inscrivez ci-dessous les mots que vous allez prononcer :

. . . .

. . . .

. . . .

. . . .

. . . .

Prenez soin de mettre vos réponses par écrit avant de poursuivre votre lecture.

commentaires

Examinons les phrases que vous avez proposées pour la première situation. A votre avis, quelle va être la réaction de votre voisin ?
Analysez les phrases inscrites en repérant les opinions exprimées, les sentiments, les faits, les propositions d'action.

En effet, dans une telle situation, il convient de ne pas attaquer la personne, d'éviter les mots tels que les suivants : « Je vous trouve bruyant et sans gêne. » On préférera une phrase telle que : « Hier, à onze heures, on pouvait entendre une très forte musique venant de chez vous. Personnellement cela me gêne beaucoup. Pouvons-nous en parler pour trouver une solution ? »

Examinez les phrases que vous avez proposées pour la deuxième situation. Expriment-elles des opinions et jugements ou au contraire des faits, sentiments et propositions d'action ?

Ces phrases sont-elles adressées à DUCHEMIN, à FROISSEC ou à LESAGE ? Il nous semble que dans un premier temps, il est préférable de s'adresser directement à la personne la plus concernée qui est M. DUCHEMIN.

votre expérience

Prenons maintenant l'exemple de vos relations avec votre responsable.

- Comment qualifiez-vous vos relations avec votre responsable : simples, cordiales, franches, empreintes de timidité, craintives... ?

. . . .

. . . .

- Vous arrive-t-il de penser que vous vous y prendriez autrement à sa place ?

. . . .

. . . .

. . . .

. . . .

. . . .

. . . .

- Quand vous parlez de votre responsable à un collègue, à votre femme, comment en parlez-vous ?

. . . .

. . . .

. . . .

. . . .

. . . .

- Et vos collaborateurs ? Vous arrive-t-il de penser à ce qu'ils disent de vous ?

. . . .

. . . .

. . . .

. . . .

. . . .

exercice

Donnez-vous quelques minutes pour écrire ci-dessous ce que vous pensez, non pas de votre supérieur, mais de sa façon de travailler, de donner des instructions, de contrôler le travail... Partez de faits précis.

Vous avez inscrit un certain nombre de phrases. Elles sont peut-être élogieuses, par exemple :

« Mon responsable est d'une grande compétence, il a su résoudre tous les problèmes techniques que nous avons rencontrés ; par ailleurs, tout le monde reconnaît qu'il répartit le travail de façon juste et qu'il a su créer une très bonne ambiance dans les services. »

D'autres phrases sont peut-être plus sévères et ressemblent à celles-ci :

A « Il est très compétent, mais quand il me donne une explication, il me raconte en long et en large des choses que je connais très bien, comme si je n'avais aucune expérience, et sur les points délicats, il passe à toute allure. »

B « Quand quelque chose va de travers, comme il n'y a pas d'endroit pour s'isoler, on nous fait des reproches devant tout le monde. »

C « Nous avons l'impression que notre responsable nous ignore. Il vient rarement nous voir et quand il vient il passe les yeux baissés sans adresser la parole à personne. »

Lorsque des difficultés de ce genre se présentent avec votre responsable, avez-vous l'occasion d'en parler franchement avec lui ?

Sinon, pourquoi ?

En effet, beaucoup de personnes pensent des choses justes ou ont des solutions intéressantes pour certains problèmes, mais malheureusement elles ne les disent pas à la bonne personne.

Souvent on se contente de dire à des collègues ou à sa femme : « Je suis complètement découragé, LEROY a fait ceci, je trouve cela regrettable, il ferait mieux de... »

Il y aurait déjà un progrès si l'on disait à LEROY, pratiquement avec les mêmes mots : « Vous avez fait ceci... je suis complètement découragé... »

principes

Nous vous proposons le principe suivant :

> *Lorsque l'on a un problème avec LEROY, il ne peut pas se résoudre par des discussions avec des personnes autres que LEROY.*

Vous allez dire : « Ce n'est pas facile à faire, c'est risqué. Vous en parlez à votre aise, si je fais ce que vous dites, mon responsable va mal le prendre. »

Vous avez raison. Il ne s'agit pas de heurter la personne de votre responsable, le résultat serait pire que le mal.

Vous mettrez le maximum de chances de votre côté, si au lieu de vous plaindre d'une manière désordonnée, vous construisez votre intervention selon la démarche :

- *présenter des FAITS*
- *indiquer les SENTIMENTS que cela provoque en vous*
- *faire des PROPOSITIONS D'ACTION*
- *éviter d'exprimer des OPINIONS et JUGEMENTS*

entraînement

Nous vous proposons de reprendre les phrases de la page précédente (exemples A, B, C). Entraînez-vous à transformer ces phrases selon le schéma : FAITS - SENTIMENTS - PROPOSITIONS D'ACTION

A . . . .

B . . . .

C . . . .

Vous avez probablement construit des phrases comme celles-ci :

« L'autre jour, vous m'avez fait des reproches devant tous les ouvriers de mon atelier. Je me suis senti humilié et j'étais en colère contre vous car après cela j'ai eu du mal à être pris au sérieux. Je sais que nous manquons de place, mais la prochaine fois que nous aurons à nous expliquer, serait-il possible de le faire à tel endroit ? »

Maintenant, reprenez ce que vous avez écrit au début de ce chapitre à propos de relations avec votre responsable. Transformez cette déclaration selon le schéma : FAITS - SENTIMENTS - PROPOSITIONS D'ACTION.

. . . .

FAISONS LE POINT

CHAPITRE

18

objectif

Ce chapitre est destiné à vous aider à faire le point sur vous-même et à préciser les progrès que vous auriez envie de faire.

votre expérience

Les questions suivantes peuvent guider votre réflexion, tant au point de vue familial et professionnel que culturel :

1 Quels sont, parmi mes traits de caractère, ceux qui m'ont le plus servi ?

. . . .

. . . .

. . . .

. . . .

. . . .

. . . .

2 Quels sont ceux qui m'ont le plus handicapé ?

. . . .

. . . .

. . . .

. . . .

. . . .

. . . .

3 Quels sont ceux qui me sont le plus souvent attribués ?

. . . .

. . . .

. . . .

. . . .

. . . .

. . . .

Quel est le sentiment qui domine ma vie quotidienne (souligner les 2 ou 3 termes qui qualifient le mieux mon impression) ? :

satisfaction - inquiétude - optimisme - réussite - découragement - doute à l'égard de moi-même - confiance en moi - retour sur le passé - insatisfaction latente - dispersion des activités - impatience - passivité.

Puis-je expliquer ou justifier cette impression ?

. . . .
. . . .
. . . .
. . . .
. . . .
. . . .
. . . .
. . . .
. . . .
. . . .
. . . .

Quelles conclusions tirez-vous des découvertes que ce court questionnaire vous a permis de faire ?

. . . .
. . . .
. . . .
. . . .
. . . .
. . . .
. . . .
. . . .
. . . .
. . . .
. . . .

---

exercice

Comment êtes-vous avec les autres ? Cet exercice va vous permettre de mieux le constater [1].

Voici une liste de 20 verbes qui décrivent un certain nombre de façons d'agir ou de réagir. Réfléchissez à votre propre comportement lorsque vous êtes avec d'autres personnes ; quelles sont vos tendances ?

Choisissez les cinq verbes qui correspondent le plus à votre comportement lorsque vous êtes dans un groupe de travail ou de discussion !

1. Accepte ce qui est dit
2. Donne des conseils
3. Se rallie à l'opinion des autres
4. Interprète ce qui se dit
5. Aide autrui dans son effort
6. Fait des concessions
7. Se montre coopératif
8. Essaie de coordonner les individualités
9. Critique les idées émises
10. Essaie de diriger la discussion
11. Manifeste son désaccord
12. Détourne la conversation
13. Fait des suggestions
14. Juge les situations
15. Anime la discussion
16. Rend service
17. Renonce de guerre lasse à ses idées
18. Se montre opiniâtre
19. Bat en retraite devant l'hostilité d'autrui
20. S'efface pour laisser la place aux autres

1. Cet exercice est inspiré de David W. Johnson.

Maintenant, demandez à quelqu'un qui vous connaît bien de cocher dans cette liste les 5 verbes qui, selon lui, correspondent le plus à votre comportement. S'il y a des différences importantes, questionnez votre ami pour en comprendre les raisons.

Pour tirer les conclusions de cet exercice, aller voir la grille de dépouillement à la page 131.

---

est-il possible de se perfectionner ?

Au point où vous en êtes, deux cas peuvent se présenter :

1. Vous vous trouvez très bien comme cela et vous n'avez pas l'intention de changer. C'est tout à fait votre droit.

2. Vous croyez que vous pouvez progresser dans vos relations avec les autres et vous êtes prêt à essayer.

Le simple fait de croire qu'un progrès est possible suffit généralement pour le rendre possible. Il vous reste à préciser comment vous allez faire.

La grille présentée ci-dessous peut vous y aider.

Pour chacun des points abordés, entourez le chiffre qui correspond le plus à ce que vous pensez être :

Je suis capable de bien écouter et comprendre les autres :

pas capable du tout 1 2 3 4 5 6 tout à fait capable

Je supporte bien les conflits et la contradiction :

pas du tout 1 2 3 4 5 6 tout à fait

J'accepte les commentaires des autres sur ce que je fais :

je les rejette 1   4 5 6 je les reçois

---

Je fais confiance aux autres :

très difficilement 1 2 3 4 5 6 très facilement

Je suis capable d'avoir de l'influence sur les autres :

très peu 1 2 3 4 5 6 beaucoup

Avec mes collègues, j'ai tendance à être :

en concurrence 1 2 3 4 5 6 très coopératif

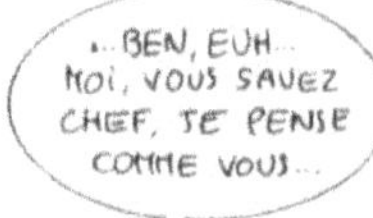

Avec mes collaborateurs, j'ai surtout tendance à :

les critiquer 1 2 3 4 5 6 les encourager

Avec mon responsable, j'ai plutôt tendance à :

ne pas me mouiller 1 2 3 4 5 6 soutenir mes propositions avec beaucoup de fermeté

Je me rends bien compte de ce que les autres pensent de moi :

pas du tout 1 2 3 4 5 6 tout à fait

Maintenant, choisissez les points qui vous paraissent les plus importants et soulignez le chiffre correspondant à ce que vous voulez devenir.

Plusieurs entraînements vous ont été proposés dans ce cours ; il est probablement utile de travailler à nouveau sur certains d'entre eux pour vous faire du muscle.

Écrivez ici les trois recommandations qui vous ont le plus frappé dans ces chapitres. Ce sont

- ....
....
- ....
....
....
- ....
....
....

Pour passer à l'action, n'oubliez pas de préciser quoi faire, avec qui, quand, où et combien.

NOUS VOUS SOUHAITONS BON COURAGE.

rappels des entraînements proposés

S'entraîner à déceler les causes de mauvaises communications. Être attentif à ce qui est ressenti par les personnes en présence.

2 S'entraîner à être précis : Q Q Q O C ?

3 S'entraîner à adapter son langage à un interlocuteur.

4 S'exercer à distinguer les faits, les opinions, les sentiments.

5 Inviter, avec tact, l'interlocuteur à répéter ce que l'on a dit pour s'assurer que le message passe.

6 S'habituer à expliquer le pourquoi, lorsque l'on demande à quelqu'un de faire quelque chose.

7 S'habituer à voir l'aspect positif de ce que fait une personne.

8 Donner des instructions de façon efficace.

9 S'entraîner à être bref.

10 Surveiller
son manque d'écoute.

11 S'exercer à poser
de vraies questions.

12 S'exercer à reformuler
ce que l'on a compris.

13 Repérer sa propre façon
de réagir
en écoutant quelqu'un.

14 Pour comprendre
les hommes au travail,
savoir se mettre
à leur place.

15 S'habituer à accompagner
l'information sans être
un relais passif.

16 Prendre des initiatives nouvelles,
vis-à-vis de ses responsables
et vis-à-vis
de ses collaborateurs.

17 S'entraîner
à présenter des faits,
exprimer des sentiments,
faire des propositions
d'action.

18 De temps en temps,
faire le point.

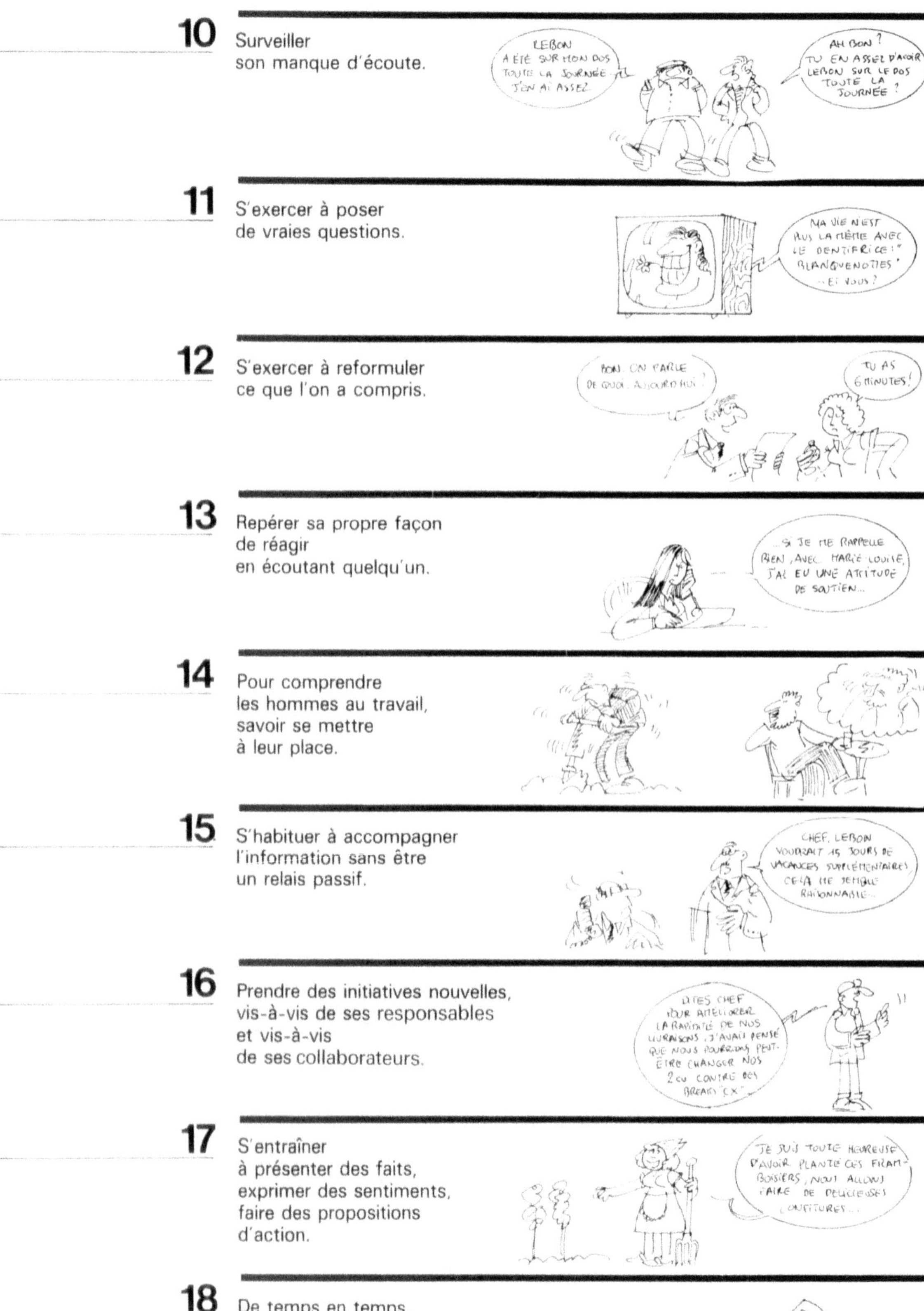

exercice grille de dépouillement

Dans la liste de verbes, on retrouve deux facteurs qui sont la sociabilité (amitié, chaleur) et la tendance à dominer (autorité, contrôle).

La plupart des gens ont tendance à vouloir contrôler la situation (**très dominateur**) ou à laisser le contrôle à d'autres personnes (**peu dominateur**).

De la même façon, la plupart des gens ont tendance à être, soit chaleureux (**très sociable**), soit un peu froid et impersonnel (**peu sociable**).

Pour repérer quelle est votre tendance principale, soulignez les 5 verbes que vous avez retenus dans la grille ci-dessous :

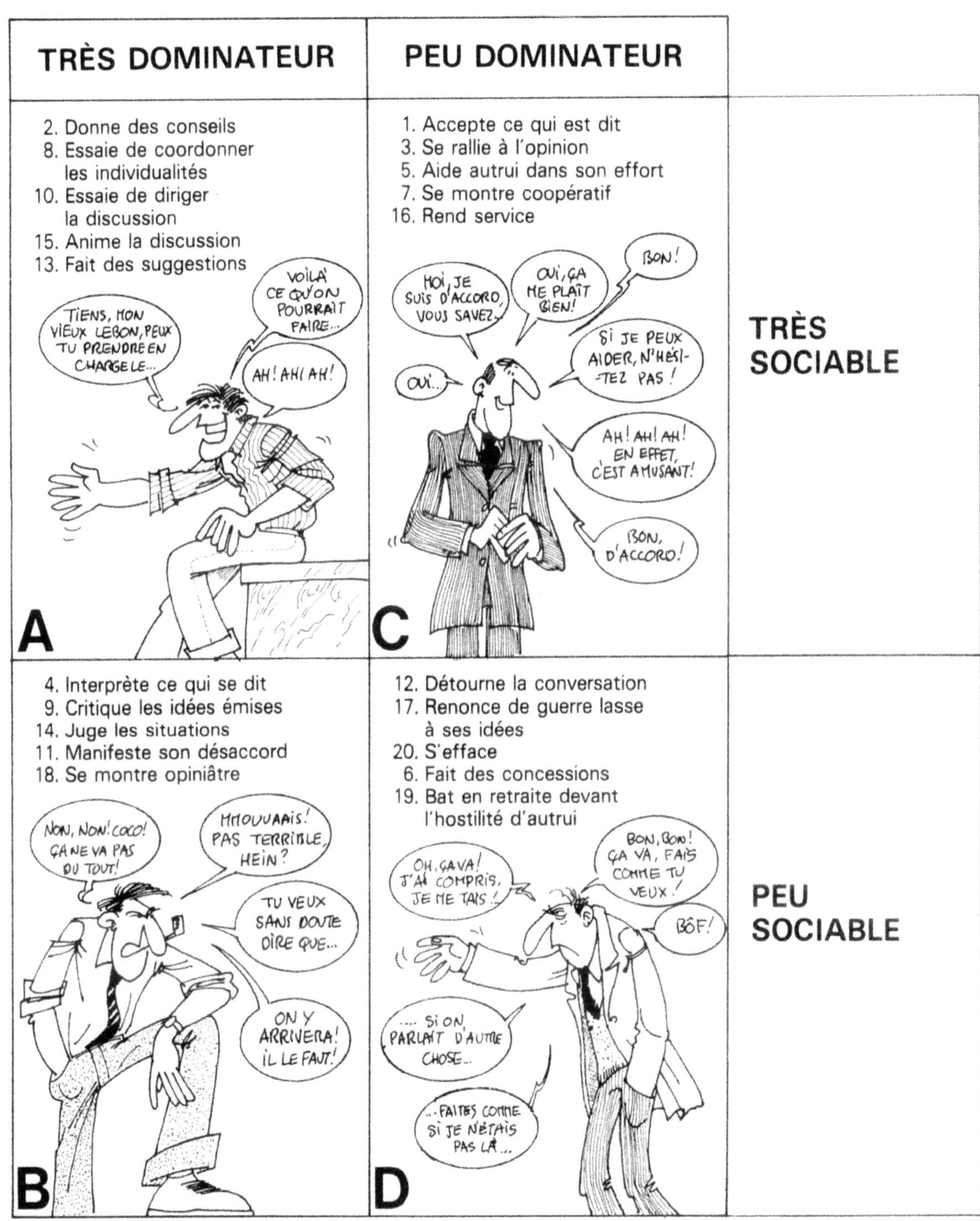

TRÈS DOMINATEUR	PEU DOMINATEUR	
2. Donne des conseils 8. Essaie de coordonner les individualités 10. Essaie de diriger la discussion 15. Anime la discussion 13. Fait des suggestions **A**	1. Accepte ce qui est dit 3. Se rallie à l'opinion 5. Aide autrui dans son effort 7. Se montre coopératif 16. Rend service **C**	**TRÈS SOCIABLE**
4. Interprète ce qui se dit 9. Critique les idées émises 14. Juge les situations 11. Manifeste son désaccord 18. Se montre opiniâtre **B**	12. Détourne la conversation 17. Renonce de guerre lasse à ses idées 20. S'efface 6. Fait des concessions 19. Bat en retraite devant l'hostilité d'autrui **D**	**PEU SOCIABLE**

Si, dans une case, vous avez 3, 4 ou 5 verbes, il s'agit probablement de votre tendance principale.

groupe A

Cette attitude est un élément favorable pour la conduite d'une équipe de travail

- s'attacher à prendre en compte toutes les contributions que peuvent apporter les autres personnes
- encourager chacun à s'exprimer, à prendre des initiatives, et être attentif à ce que certains peuvent faire ou dire d'intéressant.

groupe B

Cette attitude peut provoquer la fuite des personnes que l'on rencontre. Il arrive que l'on fasse fuir les gens parce qu'en fait, on a peur d'eux.

- s'efforcer de suspendre ses critiques
- aller vers les gens avec un a priori positif
- s'attacher à être décontracté sans craindre d'être débordé par les autres.

groupe C

Cette attitude permet d'entretenir de bonnes relations avec les autres, mais conduit parfois à être suiviste.

- continuer de faire attention aux autres mais en contrepartie, exiger que les autres fassent attention à soi
- s'habituer à faire valoir son point de vue
- ne pas négliger de remplir le rôle et la fonction que l'on vous a confiés.

groupe D

Cette attitude de retrait ne permet pas d'utiliser au mieux son propre potentiel.

- faire un effort pour s'intéresser aux autres, découvrir ce qu'ils peuvent apporter et ce qui les préoccupe
- faire un effort pour s'intéresser à soi-même, mettre en valeur ses propres idées et ce que l'on peut faire.

Plan de progrès personnel

Pour la mise au point de ce plan de progrès, se reporter page 71

Compétences à développer	Personnes impliquées	Coach en mesure d'apporter un soutien	Actions à entreprendre

QUELQUES RECOMMANDATIONS

1. Pour une bonne communication entre un émetteur et un récepteur, il faut qu'il y ait une possibilité de message en retour. (Voir chapitre 1).

2. Les mots n'ont pas une signification absolue. S'assurer que les interlocuteurs donnent le même sens aux mots employés. (Voir chapitre 3).

3. Penser à prendre sur soi la responsabilité de l'incompréhension éventuelle. (Voir chapitre 5).

4. Éviter l'expression des opinions. Privilégier l'expression des faits, des sentiments personnels et des intentions d'action. (Voir chapitres 4, 11 et 17).

5. Mieux vaut en dire moins que plus et s'interrompre pour laisser l'autre poser des questions. (Voir chapitre 9).

6. Questionner quelqu'un et reformuler l'essentiel de ce qu'il vient de dire, sont deux façons de maintenir un bon dialogue. (Voir chapitres 10 et 12).

7. Il ne faut pas se contenter de dire des choses justes, il faut les dire à la personne concernée. (Voir chapitre 17).

8. Les actes sont plus éloquents que les paroles. La communication non-verbale en dira plus long sur vos intentions que vos discours (Voir chapitre 1).

9. Apprendre à manifester son désaccord sans être destructeur ; ne pas se laisser entraîner à dire systématiquement des « oui » non éprouvés ou des « non » si violents qu'ils veulent réduire l'autre au silence (Voir chapitre 15).

10. Exprimer ouvertement et honnêtement ses sentiments. Exposer tous les problèmes importants, même si vous craignez de déranger l'interlocuteur. Ne pas marcher constamment sur des œufs (Voir chapitre 15).

PROLONGEMENT : FICHES REPÈRES

Les bonnes pratiques de communication

Nous vous proposons dans les pages qui suivent 14 fiches qui donnent des repères de comportement pour être efficace dans des situations fréquentes de communication. C'est à lire dans le prolongement des chapitres qui précèdent.

Voici ci-dessous la liste de ces fiches repères. En face de cette liste, nous vous invitons à cocher le thème qui mériterait d'être inscrit en priorité dans votre plan de progrès personnel.

Pour écouter vraiment

Nous sommes à une époque de communication rapide avec le téléphone, les SMS, les courriels. Nous avons besoin d'apprendre à ralentir un peu pour une meilleure écoute.

La véritable écoute se manifeste de plusieurs façons : d'une part en posant certaines questions ; d'autre part en adoptant une posture d'écoute active.

Les bonnes questions :

- Les questions fermées incitent à répondre oui ou non. Elles permettent d'obtenir des réponses précises, mais peuvent mettre fin à la conversation.
- Les questions ouvertes sont une invitation à parler plus. Elles commencent souvent par : *quoi, comment, pourquoi ...*
- Les questions qui démontrent une attitude d'écoute sont celles qui portent sur ce que vient de dire l'interlocuteur, en suivant le fil de sa pensée, en lui demandant d'en dire plus.
- Les questions peuvent concerner les faits. Il est très utile de poser également des questions sur les sentiments éprouvés par la personne pour qu'elle donne son ressenti.

Les signes qui manifestent une posture d'écoute :

- La personne a l'air d'écouter, cela se voit à son regard, à son attitude physique.
- Elle laisser parler sans interrompre ; elle laisse une place au silence.
- Elle garde une attitude neutre sans critiquer ce qui est dit.
- Elle manifeste sur son visage de l'empathie par rapport aux émotions qui sont exprimées.
- Les paroles qu'elle prononce sont une invitation à poursuivre.
- Les reformulations de ce qui est dit montrent que l'on s'attache à comprendre.

L'écoute suppose une attitude profonde d'attention bienveillante.

Une véritable écoute signifie que vous reconnaissez que l'autre est une personne unique qui a besoin d'être entendue. Une bonne écoute est le ciment de la relation.

Pour tenir compte des différences

Si vous comprenez les différences qui existent entre vous et une autre personne, vous pourrez plus facilement dialoguer efficacement. A l'inverse, si vous voyez toute chose uniquement avec votre façon de voir et vos propres habitudes de pensée, alors la relation sera plus difficile.

Considérez un de vos interlocuteurs habituels. Essayez de le situer par rapport aux caractéristiques suivantes. Attachez-vous à vous situer vous-même pour repérer à chaque fois si vous avez la même tendance ou la tendance opposée.

Est-il plutôt :

Plutôt introverti	Plutôt extraverti
Rapide et impatient	Patient et pas très rapide
Donne de l'importance à la logique	Est influencé par les sentiments
Esprit intuitif et imaginatif	Esprit ayant le sens du concret
Très organisé	Très souple
Aimant contrôler les autres	Aimant laisser des marges de manœuvre

Que faire des différences ?

- Acceptez les différences. Le respect de l'autre passe par cette acceptation. De plus chaque tendance peut avoir des avantages et des inconvénients.
- Au besoin, parlez de ces différences avec votre interlocuteur. Il n'en est peut-être pas conscient et en parler facilite l'acceptation mutuelle.
- Si certains comportements sont une source de difficulté, parlez-en de façon précise.

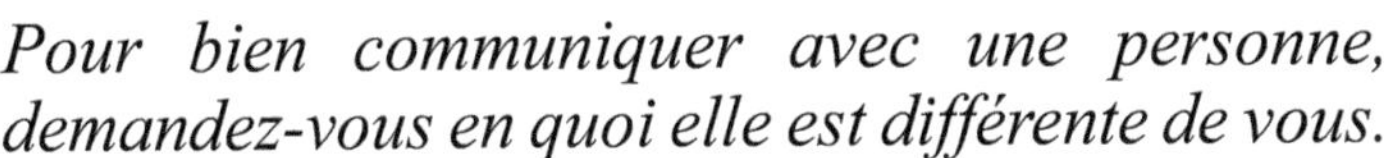
Pour bien communiquer avec une personne, demandez-vous en quoi elle est différente de vous.

Pour surmonter un problème de relation

Quand vous avez un problème relationnel avec une autre personne, il est important de se poser de bonnes questions. Par contre il y a des questions qui ne mènent à rien et qu'il est préférable d'éviter. Les questions utiles sont celles qui vous aident à vous regarder dans la glace.

Les questions qui ne mènent à rien :

- Qui m'a causé du tort ?
- Qui a été injuste envers moi ?
- A qui la faute ?
- Pourquoi a-t-il fait cela ?
- Que devrait-il faire pour réparer ses torts ?

Les questions qui peuvent vous rapprocher d'une solution :

- Comment ai-je contribué à cette situation ?
- Qu'est-ce qui est important pour moi et qu'est-ce qui est important pour l'autre personne ?
- Que puis-je faire de plus ou différemment pour que les choses se passent mieux ?
- Que pouvons-nous faire ensemble pour améliorer la situation ?

Les questions pour se regarder soi-même avec le regard de l'autre :

- Que ressent-on quand on est en relation avec moi ?
- Comment cette personne me perçoit-elle ?
- Quelle a été la conséquence pour elle de ce que j'ai fait ou de ce que j'ai dit ?
- Qu'est-ce qu'elle attendait de moi ?

Pour franchir le fossé qui nous sépare des autres, nous avons besoin de savoir comment ils nous voient. Afin de mieux vous comprendre vous-même, demandez aux autres comment ils vous perçoivent.

Pour donner un feed-back utile

Deux formes de feed-back utiles : le feed-back positif qui apporte des encouragements pour une action bénéfique ; et le feed-back constructif pour aider une personne à s'améliorer. Malheureusement, ce que l'on rencontre souvent c'est un feed-back négatif, qui critique sans aider, ou bien une absence de feed-back.

Le feed-back positif apporte une aide précieuse pour plusieurs raisons :

- Il encourage les bons comportements
- Il développe la confiance entre les personnes
- Il constitue une marque de reconnaissance, ce qui répond à un besoin essentiel
- Il améliore le moral.

Le feed-back positif se fait simplement en trois temps :

1. Décrire le comportement observé, l'action réalisée. *« J'ai vu la semaine dernière tous le temps que vous avez passé à résoudre au plus vite le problème du client ».*
2. Décrire l'effet produit par cette action. *« Le client m'a indiqué qu'il était favorablement impressionné ».*
3. Exprimer votre satisfaction. *« Bravo et merci ».*

Le feed-back constructif doit être fait en y apportant du soin, sinon il n'est pas vraiment constructif. Voici des recommandations qui ont fait leurs preuves.

1. Trouver le bon moment et le bon endroit pour faire ce feed-back. On veut faire évoluer le comportement de l'autre, l'échange doit donc avoir lieu en privé et non en public. L'échange doit avoir lieu peu de temps après l'évènement pour avoir les faits en mémoire, mais pas immédiatement à chaud quand on est encore sous le coup de l'émotion.
2. Faire une proposition de feed-back pour s'assurer que la personne va être réceptive.
3. Décrire le comportement observé de façon spécifique. Il s'agit de faits constatés et non pas de remarques sur la personne elle-même.
4. Indiquer quelles sont les conséquences du comportement, l'effet produit.
5. Ouvrir le dialogue pour donner à la personne la possibilité de réagir. Le but est de partager pour voir si vous avez une même perception de la situation.
6. Réfléchir ensemble pour voir de quelle façon améliorer ce genre de situation et adopter les comportements qui conviennent.

Donner toute sa place au feed-back positif pour construire sur les forces. Equilibrer les constats : plusieurs comportements déclarés positif pour un à améliorer.

Pour s'exprimer efficacement

Pour prononcer des paroles qui portent, il est essentiel de distinguer différentes formes verbales. Nous soulignons ci-dessous trois formes d'expression efficaces et trois autres formes qui ne permettent pas d'avancer dans le dialogue.

Les formes efficaces :

- Expression de faits
- Expression de sentiments personnels
- Expression d'intentions d'action

Les formes peu efficaces :

- Expression d'opinions, de jugements
    - *« Cette équipe n'est pas sérieuse », « Il n'est pas fiable », « C'est nul ».*
- Expression de velléités
    - *« Je vais essayer », « Il faudrait que je m'y mette »* ...
- Expression de souhaits
    - *« Si seulement on commençait à l'heure », « Ce serait bien si ... »*

L'expression de faits prouvés, tirés de notre expérience ou d'une expérience collective permet de faire avancer le débat.
L'expression de sentiments correspond à ce que vous éprouvez ; découragement, confiance, contrariété, colère, impatience, satisfaction, enthousiasme. Les sentiments, même négatifs, sont recevables.
Les opinions sont très présentes dans les conversations ; elles sont parfois justes mais elles ne permettent pas de convaincre ceux qui ont d'autres convictions. Donc elles ne font pas progresser la conversation.

Le schéma ci-dessous montre que les formes d'expression peu efficaces sont des formes dégradées de formes efficaces qui leurs sont proches. Les velléités expriment une intention qui se dégrade. Les souhaits sont une contemplation rêveuse des faits. Les opinions perdent la référence aux faits ou correspondent à des sentiments qui ne savent pas s'exprimer.

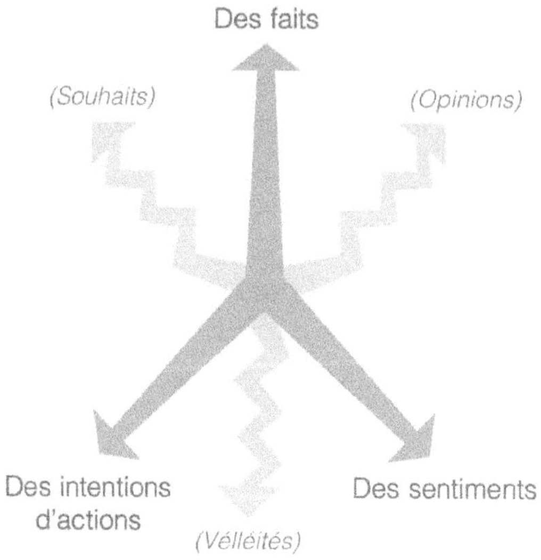

Pour le dire en français

Dans la publicité, dans les médias, dans certaines entreprises, vous constatez une fascination pour de l'emploi de mots américains. Bien sûr, certains néologismes sont acceptables ; certain mots, comme snob, sont acclimatés au français, certains sont utiles comme le mot feed-back que nous utilisons plus haut (nous devrions promouvoir rétroaction). Mais rien ne justifie la mode d'une intrusion massive de mots américains.

Nous vous invitons à privilégier les termes français pour plusieurs raisons.

- Premièrement, en parlant le charabia franglais vous risquez d'être mal compris.
- Deuxièmement, avec les termes anglais, vous laissez entendre que vous baignez dans une culture internationale. Mais ce jargon sera plutôt perçu comme une aliénation culturelle.
- Troisièmement, à haute dose, des paroles hybrides et approximatives contribuent une dégradation de la pensée. Obscurcir le langage c'est obscurcir la réflexion.

Au lieu de :	Préférez :	Au lieu de :	Préférez :
Addiction	Dépendance, assuétude	*Implémenter*	Implanter, mettre en œuvre
Adresse mail	Adele (adresse électronique)	*Initier*	Lancer, débuter, instaurer
Adresser un pb	Traiter un problème	*Item*	Rubrique, article
Agenda	Programme	*Lobby*	Coterie, clan
Benchmarking	Parangonnage	*Net*	Réseau
Blog	Blogue	*Newsletter*	Infolettre
Booster	Stimuler, relancer	*Pluger*	Brancher
Brief, briefing	Point, consignes, instructions	*Pricing*	Devis
Business plan	Plan d'affaire	*Process*	Processus, procédé
Business unit	Unité d'affaire	*Reporting*	Compte rendu
Challenge	Défi	*Roadmap*	Plan de marche, projection
Checker	Vérifier	*Shortlist*	Sélection
Corporate	Groupe	*Smartphone*	Téléphone intelligent
Crash	Plantage	*Sourcing*	Sourçage
Deadline	Echéance, date butoir	*Sponsor*	Parrain, commanditaire
Dédier	Réserver, consacrer	*Staffing*	Affectation
Délivrer	Fournir, produire	*Standard*	Norme, spécification
Design	Conception	*Story telling*	Narration
Digital	Numérique	*Supporter*	Soutenir, encourager
Draft	Premier jet	*To do list*	Liste à faire
Dispatcher	Répartir, ventiler, réguler	*Trend*	Tendance
Flow chart	Synoptique	*Web*	Toile
Impacter	Influencer, affecter		

*« Etre dans le vent c'est avoir le destin d'une feuille morte. » (*Alfred Gilder, *En vrai français dans le texte)*

Pour communiquer par courriel

Dans les entreprises, beaucoup de communication passe par les courriels. C'est rapide, pratique ; on peut toucher un grand nombre de personnes.

Mais ce n'est pas ainsi que l'on établit une véritable relation et c'est déconseillé pour les sujets sensibles.

Pour faire un bon usage des courriels :

- La rubrique « objet » doit indiquer clairement de quoi il s'agit et permettre au destinataire de saisir l'importance de la communication.
- Le courriel est moins formel qu'une lettre officielle. Mettez quand même des salutations au début et à la fin du texte.
- Evitez de multiplier les sujets dans un même courriel. Mettez l'idée importante au début. Ce qui est au début a plus de chances d'être lu.
- Précisez quelle est votre attente ; envoi pour information, pour avis, pour action.
- Abstenez-vous de traiter les sujets délicats par courriel. Les malentendus sont vite arrivés. L'essentiel de la communication passe par l'intonation de la voix ; le courriel perd cette dimension ce qui conduit à de fausses interprétations.
- Faites plusieurs paragraphes pour être clair. Faites des phrases courtes, elles sont mieux comprises. Evitez les sigles qui seraient mal compris.
- Abstenez-vous d'écrire votre texte en majuscules. On pourrait croire que vous hurlez votre message.
- Relisez-vous. Vérifiez l'orthographe et la ponctuation, c'est un signe de respect.

Que peut-on faire au lieu d'envoyer un courriel ?
Trois possibilités s'offrent à vous :

1. Aller voir la personne et lui parler directement car elle est à proximité.
2. Remplacer le courriel par un échange téléphonique qui est plus efficace pour interagir et communiquer des nuances.
3. Communiquer à l'aide d'un outil collaboratif. Le courriel devrait être réservé à une communication entre deux personnes ou bien un petit nombre de personnes. Pour communiquer avec un plus grand nombre, il est préférable de communiquer sur un forum, avec un outil collaboratif, avec un blogue.

Ne multiplier pas les destinataires « en copie ». N'oubliez pas que le courriel fait gagner du temps à celui qui l'envoie, mais souvent en fait perdre à ceux qui le reçoivent.

Pour convaincre

Vous avez envie que certaines personnes agissent dans le sens que vous souhaitez. Vous voulez les influencer.

Trop souvent, on se contente d'argumenter de façon rationnelle. En fait trois sortes de leviers peuvent contribuer à influencer les personnes :

- **les arguments logiques,**
- **les raisons affectives,** les émotions ressenties par rapport à la question traitée,
- **le poids des recommandations** ; la crédibilité de certaines personnes sur cette question.

Vous pouvez vous entraîner à **utiliser ces trois leviers à la fois**. Vous pouvez les combiner entre eux pour une bonne argumentation :

Cet équipement d'une nouvelle conception est beaucoup plus rapide ; vous allez diviser par trois le temps de traitement. Vous allez être un précurseur en faisant partie des premiers utilisateurs. Nous avons fait dix expérimentations pour test chez notre plus important client : les réactions favorables sont unanimes.

Vous gagnez aussi à **vous adapter à votre interlocuteur**. Chacun est différent. Certains sont surtout convaincu par une démonstration logique et rationnelle ; d'autres se laissent guider par leurs émotions, leurs envies ou leurs craintes ; enfin d'autres se laissent convaincre par des personnes ou des institutions en qui elles ont confiance et qui font autorité (vu à la télé !). Cela suppose de connaître le mode de fonctionnement de votre interlocuteur.

Mais la première chose à faire pour convaincre, c'est de se mettre dans la peau de l'autre pour **voir la situation avec ses yeux,** prendre en compte ce qui le motive. Qu'est-ce qui est important pour lui ? Qu'a-t-il à gagner à cela ? Quel est son besoin ?

A propos de l'influence, une idée à retenir : *celui qui sait écouter sera celui qu'on écoute.*

L'argument logique généralement ne suffit pas à convaincre. Les personnes sont aussi influencées par l'avis de personnes crédibles et aussi par leur propre réaction affective.

Pour adopter une approche positive

Avoir une approche positive permet d'établir des relations constructives avec les autres et de se mettre en condition de réussir ce que l'on entreprend.

Adopter une optique positive ne signifie pas que l'on ignore les problèmes en cultivant un optimisme artificiel. C'est plutôt adopter les partis pris suivants :

- **Se focaliser sur les points forts** plutôt que sur les points faibles des personnes (et de soi-même).
- **Avoir un regard bienveillant** sur les personnes plutôt qu'un a priori soupçonneux.
- **Prendre l'initiative de la relation** plutôt que d'attendre que l'on vienne vous chercher.
- **Gérer ses propres émotions** pour qu'elles ne gâchent pas la relation. Si vous vous mettez de mauvaise humeur ou en colère, c'est votre affaire et non pas celle de votre interlocuteur.
- **Derrière un problème voir aussi une occasion** à saisir, une possibilité pour rebondir.
- Au-delà des analyses, **avoir envie de passer à l'action**.
- **Rechercher un bénéfice mutuel** dans les actions menées en commun.

Soulignons que l'approche positive ne consiste pas à nier les difficultés et les risques, ou à faire preuve d'un optimisme béat en pratiquant la méthode Coué.

L'approche positive est en rapport avec une façon de voir l'avenir. La personne positive anticipe la réussite, du moins elle pense que nous avons la capacité de réussir. Elle ne pense pas pour autant que ce sera facile. Elle mobilise ses capacités pour réussir avec un optimisme avisé. L'optimisme béat, qui serait source de déconvenues, consisterait à croire : « Je vais réussir et cela va être facile d'y parvenir ». Nous nous gardons bien de tomber dans ce travers !

*« Quand tout va bien, l'optimisme est un luxe ; quand tout va mal, c'est une nécessité ». (*H. de Jouvenel*).*

Pour dire non dans certains cas

Dans certains cas, il faut savoir dire non. **Dire oui à toutes les demandes, c'est nier sa propre importance.** Mais il faut pouvoir le faire en conservant la qualité de la relation, faute de quoi la réponse négative peut être une source de tension.

Nous suggérons de procéder de la façon suivante :

Accuser réception de la demande	*Oui, j'entends bien ce que vous me demandez*
Montrer que vous comprenez son point de vue	*Je comprends que vous me le demandez pour telle et telle raisons*
Annoncer que vous allez répondre	*Je vais vous donner ma position à ce sujet*
Donner la réponse négative	*Désolé, ce n'est pas possible pour moi*
Donner une raison de ce refus (une seule raison, inutile d'en citer plusieurs)	*Parce que ...*
Rechercher une alternative pour répondre au besoin	*Il y a probablement une autre façon de répondre à ce besoin ; serait-il possible de ...*

Avec cette façon de dire non, il n'est pas sûr que votre interlocuteur soit pleinement satisfait, mais vous maintenez la relation en montrant que vous comprenez son besoin.

Vous ne pouvez pas dire oui à toutes les sollicitations. Il faut bien évaluer les conséquences de dire « oui » et les conséquences de dire « non ».

Pour faire face à l'agressivité

Comment canaliser les comportements agressifs ?

Quand quelqu'un vous parle de façon agressive, **indiquez que cette façon de communiquer nous conduit dans une impasse**. Plutôt que de riposter, il est préférable de souligner que vous souhaitez avoir un échange constructif.

Utilisez la technique de l'édredon quand une personne exprime des critiques négatives.
La technique de l'édredon consiste à répondre « C'est un fait » lorsque l'interlocuteur exprime un fait :
- *Vous avez 30 min de retard*
- *C'est un fait.*
Et répondre « C'est votre opinion » ou « C'est possible » s'il s'agit d'un jugement.
- *Vous n'êtes pas sérieux*
- *Peut-être, cette opinion vous appartient.*
Cette méthode (du psychologue *M. Smith*) est utile face à des critiques mal argumentées ou mal intentionnées.

Prenez en compte l'émotion. « Je vois bien que vous êtes excédé, en colère … ». Il faut montrer que vous êtes conscient de ce qui est ressenti par la personne et que vous ne minimisez pas la situation. Il faut aussi prendre le temps de laisser retomber la pression pour instaurer le dialogue.

Montrez que vous comprenez leur problème, leur besoin. Ecoutez votre interlocuteur pour que sa colère commence à se calmer et pour connaître son point de vue. Acceptez l'idée que sa perception est pour lui une réalité.

Exprimez votre bonne volonté. « Au point où nous en sommes, que puis-je faire pour vous ? ».

Arrêter l'agression et accueillir l'émotion.

Pour s'affirmer de façon constructive

Etre assertif, c'est être soi-même, exprimer clairement ce que l'on a à dire en jouant carte sur table, sans se laisser marcher sur les pieds. C'est aussi être constructif avec les autres pour dépasser les désaccords et trouver le moyen de travailler ensemble en tenant compte des besoins de chacun.

A faire	A éviter
Faire l'hypothèse que l'interlocuteur est de bonne foi (comme vous l'êtes).	Faire un procès d'intention.
Prendre l'initiative de s'adresser à l'autre.	Se contenter de réagir.
Exprimer clairement ses attentes, oser parler à la première personne.	Considérer que les rôles et que les attentes vont de soi.
Etre courtois et bienveillant avec les personnes mais ferme sur les exigences.	Etre dur avec les personnes et flou dans l'expression de ce qui exigé.
Exprimer ses sentiments concernant la situation.	Taire ses sentiments personnels. Porter des jugements. Faire des reproches.
Accepter le débat s'il y a des problèmes à examiner.	Laisser dormir les sujets qui fâchent. Faire des sous-entendus.
Si vous n'êtes pas d'accord, le dire clairement, se faire entendre sans s'énerver	Dire oui quand vous voulez dire non. Dissimuler ce que vous pensez.
Ecouter pour être écouté. Repérer les besoins des interlocuteurs pour faire entendre ses propres besoins.	Se focaliser essentiellement sur soi. Penser surtout à ce que vous allez dire.
Aller jusqu'au bout de ce que vous avez décidé de faire.	Repousser ce que vous avez prévu de faire. Renoncer.

Les formules à éviter :

Désolé – Eventuellement - Je voudrais – Je souhaiterais – J'aurais aimé – Je vais essayer - Un souci - Un peu – Si possible - Un petit ...

L'affirmation de soi : établir des relations d'adulte à adulte, fondées sur le respect de soi et le respect de l'autre.

Pour communiquer du sens

Plus nous sommes dans un monde complexe et de changement permanent, plus il est important de partager le sens des actions entreprises.

Quand vous devez communiquer pour montrer l'intérêt d'un projet ou d'une action, il est bon de mettre en avant les quatre points suivants :

1. Le **résultat** visé, l'objectif que nous poursuivons.
2. Les **enjeux** de la situation, le lien avec nos priorités, la raison profonde pour laquelle il faut agir.
3. Les **avantages** qui vont en résulter pour les différentes personnes ; ce que nous allons gagner avec cela.
4. La **démarche** à suivre, comment nous allons parvenir au résultat.

Pour donner envie, il faut encore ajouter le point suivant sur **le rôle de chacun** : *« Voici le rôle indispensable que vous allez jouer personnellement pour que nous parvenions à ce résultat ».*

Au travail, le sens apparait pour une personne si elle fait le lien entre son activité et le projet de l'entreprise ; autant que possible pour un projet poursuivant un but élevé.

Pour humaniser les relations

Comment rendre les relations humaines un peu plus humaines ? Il y a des progrès à faire dans les entreprises à ce sujet.

Humaniser les relations, c'est s'attacher à une éthique de la communication, où se manifeste le souci de l'autre. Les lignes qui suivent illustrent ce type de conduite.

> **Communiquer avec intégrité et authenticité.** Une communication s'appuyant sur l'écoute active et l'expression constructive. Exprimer nos vues et recevoir celles des autres en acceptant le débat.
>
> **Privilégier l'expression de faits réels et de sentiments personnels** plutôt que de formuler des jugements. Faire part de ses intentions et éviter de prêter des intentions aux autres.
>
> **Donner du feed-back constructif** pour faire savoir aux autres comment nous ressentons leurs actions. A l'inverse, s'enquérir de l'effet de nos actions sur les autres.
>
> **Communiquer dans le respect de l'autre :** réconforter sans plaindre, convaincre sans manipuler, aider sans assister, recadrer sans humilier, stimuler sans stresser.
>
> **S'attacher à la réciprocité** dans la relation avec l'autre. Se mettre en position de donner et de recevoir.

De nombreuses personnes ont le sentiment de ne pas être reconnues. Pour prendre en compte ce besoin, voici quatre formes d'expression qui contribuent à humaniser les relations car elles sont des manifestations de reconnaissance.

1) **Exprimer des félicitations**. Dire bravo à quelqu'un, c'est reconnaitre le résultat qui a été atteint.
2) **Exprimer des remerciements**. Dire merci c'est reconnaitre l'effort qui a été réalisé pour vous ou pour la collectivité dont vous faites partie.
3) **Donner des marques de confiance**. Dire à une personne que l'on compte sur elle, que l'on a confiance dans la contribution qu'elle va apporter, c'est reconnaître sa compétence et son engagement.
4) **Questionner et écouter les attentes** professionnelles ou personnelles, manifester de l'empathie pour les préoccupations, les besoins, les espoirs. C'est reconnaître la personne dans sa globalité.

*« Ne jamais traiter les autres comme des moyens mais toujours comme des fins ». (*Kant*)*

Catalogue Édition

D. Genelot, *Manager dans la complexité - Réflexions à l'usage des dirigeants*
J. Imbert, *Manager la carrière des seniors*
J. Imbert, *Jeunes managers, nos talents pour l'avenir*
Y. Barros, *Le manager trop performant*
H.-B.Loosdregt, *Prévenir les risques éthiques de votre entreprise*
M. Mack, *Pleine valeur*
C. Doucet, *Certification qualité utile*
F. Moreau - AFPLANE, *L'entreprise élargie : de nouvelles formes d'organisation*
G. Barbottin, *Rédiger des textes techniques et scientifiques en français et en anglais*
J. Piveteau, *Mais comment peut-on être manager ? (!)*
A. Martinez-*Fortun, Manager la sécurité*
V. Lenhardt, *Les responsables porteurs de sens*
L. Sahuc, *Comment identifier les futurs managers ?*
D. Noyé, en col. avec P. Valein et E. Dessus de Cérou du MFQ, *Pour fidéliser les clients*
D. Noyé, J. Piveteau, *Guide pratique du formateur*
D. Noyé, *Réunionite : guide de survie*
Y. de Kermadec, *Innover grâce au brevet - Une révolution déclenchée par Internet*
C. Darvogne, D. Noyé, *Organiser le travail pour qu'il soit formateur*
B. Martin, V. Lenhardt, B. Jarrosson, *Oser la confiance*
J. Piveteau, *L'entretien d'appréciation du personnel*
D. Tissier, *Management situationnel*
C. Maréchal, *Meurtres à l'ombre de la qualité (roman policier)*
D. Noyé et le MFQ, *L'amélioration participative des processus*
E. Verne, *Comment conduire un entretien de recrutement ?*
S. Shiba, D. Noyé, B. Jouslin de Noray, M. Morel et le MFQ, *La conception à l'écoute du marché*
G. Herniaux, *S'entraîner au management de projet*
G. Herniaux, *Organiser la conduite de projet*
G. Herniaux, *Commanditer un projet*
G. Herniaux, *Le projet à l'écoute de l'utilisateur*
D. Noyé, J. Piveteau, *Comment communiquer de façon efficace ? ...*
J. Ségot, C. Maréchal, *La qualité démasquée*
M.F. Ribéry, *Outils et exercices pédagogiques pour le formateur*
V. Billaudeau, *Le recrutement, quelles pratiques actuelles ?*
B. Besson, E. Gubelmann, F. Panza, *Explorer son identité pour mieux accompagner*

Livrets de poche, collection BASIC :
Accrocher votre auditoire - Améliorer la performance de son entité - Animer une communauté de pratique - Coacher vos collaborateurs - Coacher son équipe - Concilier travail et vie personnelle - Conduire les changements collectifs - Conduire un plan d'action jusqu'au résultat - Conduire vos entretiens annuels - Conduire un entretien de développement professionnel - Cultiver les compétences - Déléguer et responsabiliser - Déployer des objectifs - Développer le leadership - Développer le management visuel - Développer votre écoute - Donner et recevoir du feed-back - Faire face aux risques de vos projets - Former et fidéliser un nouveau collaborateur - Gérer les conflits - Gérer vos priorités... dans un temps limité - Innover dans l'entreprise - Lire efficacement - Manager à distance - Manager en transversal - Manager les performances - Manager les personnes - Manager un projet - Manager votre équipe - Prendre une fonction de manager - Réaliser un benchmarking - Résoudre un problème - Réussir les changements difficiles - Réussir vos entretiens de management - Réussir vos réunions - Réussir votre business plan - Stimuler la créativité - Travailler dans un contexte multiculturel

Dans la collection Basic+ :
Faire face au stress - Les animaux créatifs - Téléphoner : l'art et la manière - Vendre et fidéliser

Dans un environnement instable et imprévisible, la conviction des équipes de Julhiet est que les entreprises n'auront de performance durable que si elles mettent au premier plan de leurs préoccupations l'optimisation permanente de leurs atouts et l'adaptation de leurs talents.

Dirigeants, managers ou collaborateurs, tous doivent sans cesse faire face à des mutations, profondes, de plus en plus rapides et souvent déstabilisantes.

La raison d'être de Julhiet est d'accompagner les entreprises dans leurs impératifs de flexibilité, de dynamisme et de performance par le recrutement, la mobilisation et le développement, partout dans le monde, de leurs Ressources Humaines.

Focalisé sur les RH et le management, nourri d'une forte activité de recherche et de développement et avec l'obsession de l'efficacité, Julhiet développe des approches à la fois innovantes et très opérationnelles. Le groupe est toujours soucieux de transférer aux entreprises ses savoir-faire : la collection des BASIC du Management ainsi que les nombreux guides pratiques et ouvrages de référence en Management, Ressources Humaines et Efficacité personnelle sont le fruit de de plusieurs dizaines d'années d'expérience et de réflexions, partagées et mis à disposition du plus grand nombre.

Pour inventer les réponses novatrices aux défis RH & management de demain, Julhiet s'applique sans cesse, en lien étroit avec le monde académique, à mener de nouvelles recherches. La mise en place d'un Lab, lieu dédié à l'innovation RH et à la construction de solutions pragmatiques pour nos clients, illustre le foisonnement de nos approches.

Le catalogue des ouvrages est disponible sur demande par téléphone et internet :

Julhiet

4 allée Ferrand - 104 avenue Charles de Gaulle

92200 Neuilly-sur-Seine

Tél.:+ 33 1 40 99 23 99 – Fax : +33 1 40 99 23 49

www.julhiet.com

www.ingramcontent.com/pod-product-compliance
Ingram Content Group UK Ltd.
Pitfield, Milton Keynes, MK11 3LW, UK
UKHW050920270726
13994UKWH00011B/2454

9 782364 460164